Patrick Forsyth

30 Minuten für mehr Durchsetzungskraft

D1924934

Die Deutsche Bibliothek – CIP-Einheitsaufnahme

Forsyth, Patrick:
30 Minuten für mehr Durchsetzungskraft / Patrick Forsyth. [Aus dem Engl. übers. von Ingrid Proß-Gill]. - Offenbach : GABAL, 2000
(30-Minuten-Reihe)
Einheitssacht.: 30 minutes to get your own way ‹dt.›
ISBN 3-89749-045-5

Aus dem Englischen übersetzt
von Ingrid Proß-Gill, Sankt Augustin

Lektorat: Bettina Bach, Wiesbaden
Umschlag und Layout:
Vitting & Wagner Kommunikation, Darmstadt
Satz: Jacobs Typographie & Design, Offenbach
Druck und Verarbeitung: Salzland Druck, Staßfurt

© 2000 für die deutschsprachige Ausgabe
GABAL Verlag GmbH, Offenbach
© 1999 der Originalausgabe: Patrick Forsyth
Published by Kogan Page, London

Alle Rechte vorbehalten. Nachdruck, auch auszugsweise, nur mit schriftlicher Genehmigung des Verlags.

Hinweis:
Das Buch ist sorgfältig erarbeitet worden. Dennoch erfolgen alle Angaben ohne Gewähr. Weder Autor noch Verlag können für eventuelle Nachteile oder Schäden, die aus den im Buch gemachten Hinweisen resultieren, eine Haftung übernehmen.

Printed in Germany

ISBN 3-89749-045-5

In 30 Minuten wissen Sie mehr!

Dieses Buch ist so konzipiert, dass Sie in kurzer Zeit prägnante und fundierte Informationen aufnehmen können. Mit Hilfe eines Leitsystems werden Sie durch das Buch geführt. Es erlaubt Ihnen, innerhalb Ihres persönlichen Zeitkontingents (von 10 bis 30 Minuten) das Wesentliche zu erfassen.

Kurze Lesezeit
In 30 Minuten können Sie das ganze Buch lesen. Wenn Sie weniger Zeit haben, lesen Sie gezielt nur die Stellen, die für Sie wichtige Informationen beinhalten.

- Alle wichtigen Informationen sind blau gedruckt.

- Schlüsselfragen mit Seitenverweisen zu Beginn eines jeden Kapitels erlauben eine schnelle Orientierung: Sie blättern direkt auf die Seite, die Ihre Wissenslücke schließt.

- *Zahlreiche Zusammenfassungen innerhalb der Kapitel erlauben das schnelle Querlesen. Sie sind blau gedruckt und zusätzlich durch ein Uhrsymbol gekennzeichnet, so dass sie leicht zu finden sind.*

- Ein Register erleichtert das Nachschlagen.

Inhalt

Vorwort

Lassen Sie uns davon ausgehen, dass Sie gerade in einer Buchhandlung stehen. Ich als Autor möchte, dass Sie dieses Buch kaufen, denn wenn genügend Leute es kaufen, bringt mir das Geld. Ich kann Ihnen aber nicht einfach befehlen, es zu tun, sondern muss Ihnen Gründe angeben. Nun gut: Dieses Buch ist nicht teuer; es dauert nicht lange, es zu lesen, und es passt in Ihre Jackentasche. Doch das sind keine triftigen Gründe. Für Sie wird vor allem der Nutzen des Buchs ausschlaggebend sein.

Erfolgreiche Kommunikation
Lassen Sie uns einen Moment über Kommunikation nachdenken. Wir alle verbringen viel Zeit damit, zu kommunizieren, und ein Großteil dieser Kommunikation soll dazu dienen, andere von etwas zu überzeugen. Kommunizieren ist nicht einfach, die Welt ist voll unklarer Mitteilungen. Jargon kann Aussagen unverständlich machen – wenn z. B. ein Spaten als manuelles Ausgrabungsgerät bezeichnet wird –, und auch Beamtendeutsch oder eine zu formelle Geschäftssprache erschweren das Verständnis. Das kann zu großen Problemen führen. Eine Grundvoraussetzung dafür, sich durchzusetzen, ist, sich verständlich auszudrücken.

Sein Durchsetzungsvermögen steigern
Wenn wir uns durchsetzen wollen, geht es nicht darum, andere Menschen zu irgendetwas zu zwingen. Der einzige Weg ist, den anderen zu zeigen, dass das, was wir

wollen, auch für sie das Richtige ist, und sie davon zu überzeugen.

Zurück zu diesem Buch: Werden Sie es kaufen, wenn ich Ihnen sage, dass Sie dadurch lernen können, durch Kommunikation zu überzeugen? Und wenn ich Ihnen versichere, dass es Ihnen dabei helfen wird, sich öfter durchzusetzen? Dass sich die Reibungen am Arbeitsplatz verringern und Sie sich zu einem Respekt einflößenden Gesprächspartner entwickeln werden? Im Endeffekt würde Ihnen das Zeit und Geld ersparen ...

Überzeugungsarbeit leisten

Doch ich greife vor, denn wer sich anderen gegenüber durchsetzen will, muss ihnen schlüssige Gründe für die gewünschten Handlungen nennen, und Sie werden jetzt durch solche Gründe beeinflusst.

Was ich Ihnen in Aussicht stelle, können Sie allerdings nicht erreichen, indem Sie in der Buchhandlung ein paar Seiten überfliegen. Sie müssen das ganze Buch lesen! Werden Sie es angesichts der aufgeführten Gründe kaufen?

Wenn es mir gelingt, Sie dazu zu bringen, zu tun, was ich will (nämlich ein Exemplar zu erwerben), kann ich Ihnen ja vielleicht dabei helfen, Ihr Durchsetzungsvermögen zu steigern und andere öfter dazu zu bringen, zu tun, was Sie wollen! Denken Sie darüber nach!

Patrick Forsyth

1. Die Basis von Durchsetzungsvermögen

Wissen Sie, dass visuelle Hilfsmittel das Verständnis sehr erleichtern? *Seite 13*

Ist Ihnen klar, wie Sie mit einer positiven, aber zögerlichen Reaktion umgehen? *Seite 13*

Wissen Sie, dass die Erfahrungswelt Ihres Gegenübers eine Rolle spielt? *Seite 16*

Damit es Ihnen gelingt, sich durchzusetzen, müssen Sie die Zustimmung anderer gewinnen. Und zwar nicht durch Erpressung oder rohe Gewalt – Sie wollen ja, dass die anderen Ihre Ideen freiwillig akzeptieren. Das ist nicht leicht! Mit manchen Vorschlägen stößt man ohne Probleme auf Zustimmung; andere sind schwieriger durchzusetzen, und manchmal gelingt es einem gar nicht.

1.1 Kommunikationstechniken

Würde ich versuchen, Sie dazu zu bringen, Ihre Hand in kochendes Wasser zu tauchen, dürfte es kein einziges Argument geben, durch das ich Sie dazu überreden könnte. Da Sie dieses Buch aber bis hierher gelesen haben, hat Sie offenbar etwas dazu bewegt, es zu kaufen.

Es ist nicht leicht, sich durchzusetzen, aber oft ist es möglich. Mit bestimmten Methoden wirken Botschaften überzeugender, und man steigert seine Erfolgschancen (Ein anderes Buch aus dieser Reihe, das nützlich für Sie sein könnte, ist *30 Minuten für erfolgreiche Kommunikation*).

Eine geschickte Vorgehensweise

Diese Techniken sind an sich nicht kompliziert. Sie beruhen im Großen und Ganzen auf gesundem Menschenverstand. Die Schwierigkeit liegt darin, sie geschickt in ein fließendes Gespräch einzubauen.

Ihre Chancen, sich durchzusetzen, stehen gut, wenn Ihr Vorgehen für Ihren Ansprechpartner akzeptabel ist und

Ihre Argumentation schlüssig. Hierbei kommt es auf jede Einzelheit an. Sie werden sehen, dass kleine Änderungen beim Formulieren Ihrer Argumente den Ausschlag geben und ein „Nein“ in ein „Ja“ verwandeln können (oder umgekehrt!).

Es ist nicht immer einfach, sich durchzusetzen, da man dafür die Zustimmung seiner Ansprechpartner braucht. Hierfür kann man sich eine Reihe von Techniken zunutze machen, die auf dem gesunden Menschenverstand beruhen. Die Schwierigkeit besteht darin, sie geschickt in den Gesprächsfluss einzubauen.

1.2 Grundprobleme der Kommunikation

Erfolgreiche Kommunikation steigert Ihr Durchsetzungsvermögen, und wenn Sie sich klarmachen, dass Kommunikation nie einfach ist, haben Sie schon den ersten Schritt auf dem Weg dahin vollzogen. Um sich durchzusetzen, müssen Sie die Aufmerksamkeit der anderen gewinnen und dafür sorgen, dass sie die Bedeutung Ihrer Botschaft erfassen.

Sich klar ausdrücken

Es kommt allerdings häufig zu Kommunikationsstörungen. In wie vielen Häusern, Wohnungen und Büros im ganzen Land rufen Menschen in diesem Augenblick wohl aus: „Wenn du das gemeint hast, hättest du es auch sagen sollen!“ – „Das haben Sie aber nie gesagt!“ – „So habe ich das aber nicht verstanden.“…

Wir alle sind schon mehr als einmal wütend auf jemand geworden, der uns falsch verstanden hat, obwohl der Fehler wohl eher bei uns lag, weil wir uns nicht klar genug ausgedrückt haben.
Wieso passiert das? Es gibt viele verschiedene Gründe – und auch etliche Möglichkeiten, diese Grundprobleme bei der Kommunikation zu überwinden. Deshalb wollen wir einen Moment beiseite lassen, was Botschaften überzeugend macht, und uns mit ihrer Klarheit befassen.

Das Problem kann an der Haltung Ihres Ansprechpartners liegen oder darin bestehen, dass er Ihnen nicht richtig zuhört, dass er es schwierig findet, Ihre Botschaft zu verstehen, Ihnen nicht zustimmen bzw. nicht entsprechend handeln will oder Ihnen seinerseits unklares Feedback gibt.

Eine ablehnende Grundhaltung
Selbst wenn Sie starke Argumente vorbringen und die Logik dafür spricht, Ihren Vorschlag zu akzeptieren, könnte der andere ihn ablehnen, denn viele Menschen sind prinzipiell misstrauisch, wenn sie das Gefühl haben, dass man ihnen etwas verkaufen will. Es kann allerdings auch sein, dass er Ihrem Vorschlag nicht zustimmen will, weil er dadurch implizit zugeben würde, dass er sich geirrt hat.

Mangelnde Aufmerksamkeit
Die meisten Menschen finden es schwierig, aufmerksam zuzuhören bzw. sich auf Schriftstücke zu konzentrieren, vor allem, wenn Sie lange sprechen oder der Text

sich endlos hinzuziehen scheint. Lange Monologe mag niemand. Das ist auch der Grund, weshalb dieses Buch in viele Kapitel und Unterkapitel unterteilt ist. Durch die zahlreichen Überschriften empfindet man es als leichter lesbar.
Hinzu kommt, dass wir alle selektiv wahrnehmen. Wir achten vor allem auf das, was uns wichtig erscheint, und ziehen vielleicht deshalb falsche Schlussfolgerungen aus einer Botschaft.
Ein weiteres Problem kann sein, dass Ihre Zuhörer schon Schlüsse ziehen, während Sie noch sprechen: „Ich weiß schon, worauf er/sie hinauswill!“ Dann konzentrieren sie sich nicht mehr darauf, zuzuhören, sondern verwenden den größten Teil ihrer Energie darauf, sich eine Antwort zu überlegen.

Eine unverständliche Botschaft
Es gibt eine Reihe von Gründen, warum Botschaften unverständlich sein können. Wir alle neigen dazu, Schlussfolgerungen zu ziehen, die auf unseren eigenen Erfahrungen beruhen: „Das hört sich für mich ein bisschen wie ... an!“ Damit Sie richtig verstanden werden, müssen Sie die Erfahrungswelt Ihres Ansprechpartners berücksichtigen.
In diesem Zusammenhang kann Jargon ein Problem sein. Zwischen Leuten, die sich in dem entsprechenden Bereich auskennen, ist er natürlich eine bequeme und angemessene Sprache, doch für Außenstehende kann sein Gebrauch verwirrend sein. Erschwerend kommt hinzu, dass niemand gerne zugibt, wenn er etwas nicht versteht, und man Sie vielleicht in dem Glauben lässt, dass alles klar ist.

Und schließlich können Dinge, die der andere nicht sieht, sondern nur hört, ebenfalls leichter missverstanden werden. Daher kann es sich empfehlen, visuelle Hilfsmittel zu benutzen oder die Botschaft so abzufassen, dass beim Zuhörer ein Bild entsteht.

Unentschlossenheit

Auch wenn der andere Ihre Argumente akzeptiert zu haben scheint und es keinen logischen Grund dafür gibt, dass er nicht entsprechend handelt, müssen Sie möglicherweise noch mehr tun, um sich tatsächlich durchzusetzen.

Einem anderen zuzustimmen und dementsprechend zu handeln kann nämlich bedeuten, dass jemand eine Gewohnheit, die ihn vielleicht schon sein ganzes Leben lang begleitet, aufgeben muss. Außerdem müssen die Betreffenden sich mit dem damit verbundenen Risiko auseinander setzen: „Wenn ich das tue und es nicht funktioniert, was dann?“

Manche Menschen finden es überhaupt schwierig, Entscheidungen zu treffen, und zögern sie hinaus, solange es nur irgend geht.

Unklares Feedback

Zu guter Letzt kann es sein, dass das Feedback, das Sie bekommen, mehrdeutig ist. Feedback muss man aus anderen „herauskitzeln“, denn bei der Kommunikation sind die Leute nicht immer offen. Manchmal verbergen sie ihre Gedanken und Gefühle bewusst. Teilweise wollen sie sich aber auch aus anderen Gründen nicht klar äußern, zum Beispiel aus Verlegenheit, oder sie reagieren einfach auf eine Art, die für Sie schwer zu deuten ist.

Schwierigkeiten bei der Kommunikation überwinden
Das sind die Hauptgründe für die Schwierigkeiten, die bei der Kommunikation so häufig auftreten. Ihre Aufgabe besteht zunächst einfach darin, die wahrscheinlichsten Probleme zu erkennen und sie im Auge zu behalten. Mit Schwierigkeiten zu rechnen ist in den meisten Fällen schon der erste Schritt zu ihrer Überwindung.

Bei der Kommunikation gibt es häufig Probleme, die man im Auge behalten muss: Menschen sind misstrauisch oder unaufmerksam, bzw. die Botschaften sind unverständlich, Feedback kann zweideutig sein, und es kann sogar sein, dass Menschen einfach unentschlossen sind.

1.3 Verständliche Botschaften übermitteln

Menschen mit Durchsetzungsvermögen drücken sich im Allgemeinen klar aus und berücksichtigen die Eigenschaften Ihrer Ansprechpartner. Die folgenden Faktoren, die alle auf die aus der Psychologie bekannten „Lerngesetze“ zurückgehen, können Ihnen dabei sehr nützlich sein:

- auf die Fragen Ihres Gesprächspartners eingehen
- bei der Botschaft auf Logik achten
- sich auf die Erfahrungen Ihres Gegenübers beziehen
- die Botschaft wiederholen.

Auf die Fragen des anderen eingehen

Überlegen Sie sich, wie die erste Reaktion Ihres Ansprechpartners auf Ihren Vorschlag wohl aussieht. Er fragt sich, wie es sich auf ihn auswirken würde, wenn Sie Ihren Vorschlag mit Erfolg durchsetzen. Er will wissen, ob es sich überhaupt auf ihn auswirken würde, wenn er zustimmt, und ob diese möglichen Konsequenzen positiv oder negativ zu bewerten sind. Das ist selbstverständlich, wir alle machen es so.

Da Sie das nun wissen, können Sie bei Ihrer Botschaft auf die Folgen für Ihren Ansprechpartner eingehen und sich direkt mit diesem Problem befassen, anstatt diese Fragen in der Schwebe zu lassen. Dabei kann es schon ausreichen, nicht zu sagen: „Wenn Sie das tun, wird die Produktivität steigen!“, sondern: „Wenn Sie das tun, werden Sie Ihre Arbeit leichter bewältigen können, Sie werden mehr Zeit haben, um sich auf wichtige Aufgaben zu konzentrieren, und die Produktivität wird steigen!“

Bei der Botschaft auf Logik achten

Das bedeutet einfach nur, dass man bewusst darauf achtet, die Dinge in einer logischen Reihenfolge durchzugehen (und diese Reihenfolge vielleicht auch erklärt). Wir alle nehmen Informationen besser auf, wenn sie uns in der für uns richtigen Reihenfolge präsentiert werden. Wenn wir sie erst umordnen müssen, können wir dabei leicht etwas übersehen.

Wenn Sie die Dinge in einer für Ihren Ansprechpartner logischen Reihenfolge präsentieren, braucht er sie nicht erst zu ordnen und kann die Informationen leichter benutzen. Botschaften, die aus beliebig angeordneten Elementen bestehen, sind nicht so effektiv.

Sich auf die Erfahrungen des anderen beziehen
Alles, was einem gesagt wird, betrachtet man im Licht seiner Erfahrungen. Stellen Sie sich vor, Sie rufen einen Lieferanten an, um einen Punkt Ihrer Rechnung zu klären, und er sagt: „Einen Moment bitte, da muss ich mal im Computer nachsehen." Was geht Ihnen da durch den Kopf? Vielleicht rufen diese Worte bei Ihnen die Vorstellung von Effizienz und Kundenfreundlichkeit hervor, vielleicht aber auch nicht – das hängt ganz davon ab, welche Erfahrungen Sie bisher mit Computern gemacht haben.
Wenn Sie Ihre Botschaft auf die richtige Weise mit den Erfahrungen Ihres Gesprächspartners verknüpfen, kann er sie leichter verstehen. Wenn Sie hingegen das, was er schon weiß, falsch einschätzen oder Erfahrungen voraussetzen, die er gar nicht gemacht hat, dürfte das zu Unklarheit und Missverständnissen führen.
Durch explizite Hinweise, zum Beispiel: „Das hier wird so ähnlich wie die Besprechung, bei der wir über die Steigerung der Verkaufszahlen diskutiert haben!", können Sie sich den Weg ebnen – vorausgesetzt, Sie erinnern den anderen dadurch an eine konstruktive Besprechung, bei der ein paar wirklich neue Ideen entwickelt wurden.

Die Botschaft wiederholen
Alle Botschaften, vor allem aber komplizierte, werden besser aufgenommen, wenn man sie wiederholt. Das heißt nicht, dass Sie immer wieder die gleichen Sätze verwenden sollten, sondern dass der andere Sie leichter versteht, wenn Sie akzeptable Möglichkeiten finden, den Kern Ihrer Aussage zu wiederholen.

Das möchte ich anhand einiger Beispiele verdeutlichen (die Verwendung von Beispielen ist übrigens eine gute Form von Wiederholung): Wenn man das, was man sagt, demonstriert oder durch visuelle Mittel veranschaulicht, sind das Formen von Wiederholung, ebenso wie Zusammenfassungen und Besprechungsprotokolle. Wahrscheinlich werden Ihnen noch viele andere Arten von Wiederholungen einfallen. Gleichzeitig wird Ihnen klar sein, dass Sie sie in der Vergangenheit schon auf die eine oder andere Weise eingesetzt haben. Setzen Sie sie jedoch bewusst ein, so können Sie es Ihrem Gegenüber leichter machen, das Gesagte zu verstehen, und damit Missverständnissen vorbeugen.

Kommunikation ist die Grundlage Ihres Durchsetzungsvermögens, doch es ist nicht einfach, klare Botschaften zu übermitteln. Dabei können Ihnen bestimmte Methoden helfen.

- ***Es ist z. B. gut, die häufigsten Probleme bei der Kommunikation zu kennen, sie sich vor Augen zu halten und mit Schwierigkeiten zu rechnen.***
- ***Wichtig ist es auch, verständliche Botschaften zu übermitteln. Dabei hilft es, auf die Fragen Ihres Ansprechpartners einzugehen, die Botschaft in einer logischen Reihenfolge zu präsentieren, sich auf die Erfahrungen des Empfängers zu beziehen und den Kern Ihrer Aussage in verschiedenen Formen zu wiederholen.***

2. Gespräche vorbereiten

Es gibt zwar keine Zauberformel, um sein Durchsetzungsvermögen zu steigern, doch gute Vorbereitung kommt einer solchen Formel sehr nahe. Sie braucht gar nicht lange zu dauern, ist aber immer notwendig – und sie kann der Schlüssel zum Erfolg sein. Wer sich gut vorbereitet hat, wirkt dadurch zwar nicht automatisch überzeugend, er zeigt aber, dass er weiß, worauf Durchsetzungsfähigkeit beruht, und erhöht so in jedem Fall seine Chancen.

2.1 Was ist gute Vorbereitung?

Gute Vorbereitung hat vor allem folgende Vorteile:

- Dadurch wird Ihnen selbst wirklich klar, was Sie erreichen wollen.
- Sie liefert Ihnen einen „Schlachtplan“ für das, was Sie tun werden.
- Sie hilft Ihnen, den Ablauf der Kommunikation (Gespräch, Präsentation ...) zu planen.
- Sie führt dazu, dass Sie sich entscheiden, wie Sie im Einzelnen vorgehen wollen.
- Sie ermöglicht es Ihnen, die Reaktionen der anderen vorherzusehen und sich darauf einzustellen.
- Sie sind zumindest auf einige „außerplanmäßige Reaktionen“ gefasst.

Auf alle diese Punkte werde ich später ausführlicher eingehen. Zunächst möchte ich aber genauer definieren, was ich unter guter Vorbereitung verstehe. Das ist von Fall zu Fall verschieden und braucht nicht unbedingt lange zu dauern.

Gute Vorbereitung zeichnet sich nicht gezwungenermaßen dadurch aus, dass sie lange dauert. Sie kann ein paar Minuten Zeit in Anspruch nehmen, in denen Sie kurz nachdenken, oder mehrere Stunden (vielleicht einschließlich eines Gesprächs mit einem Dritten), in denen Sie sich Schritt für Schritt überlegen, wie Sie vorgehen wollen. Zum Teil sind ein paar Sekunden ausreichend, bevor Sie anfangen zu sprechen.
Oft wird es sich als hilfreich erweisen, wenn Sie sich Notizen machen – manchmal reichen sogar schon ein paar Worte auf der Rückseite eines Briefumschlags aus. Im Allgemeinen ist es allerdings besser, sich einen genauen Plan zu machen. Egal, was erforderlich ist, die oberste Regel lautet einfach: Tun Sie es!

Phasen der Vorbereitung

Unabhängig davon, wie Sie sich vorbereiten, werden Sie dabei drei Phasen durchlaufen:

1. Die Zielsetzung bestimmen
2. Den Ablauf planen und Informationen sammeln
3. Die „Beweisführung“ strukturieren.

Durchsetzungsvermögen hängt mit Vorbereitung zusammen. Wer genau weiß, was er will, und eine Vorstellung davon hat, wie er vorgehen wird, hat größere Chancen, das zu erreichen, was er sich vorgenommen hat. Je nach Situation kann die Vorbereitungsdauer wenige Sekunden bis hin zu mehreren Stunden umfassen. Eine Hilfe sind schriftliche Notizen.

2.2 Ihr Ziel klar festlegen

Ein Grund, warum Menschen mit wenig Durchsetzungsvermögen es nicht schaffen, zu erreichen, was sie wollen, ist, dass sie selbst nur eine vage Vorstellung davon haben. Das wirkt sich auf den Gesprächspartner aus, der sich eventuell nur darum nicht einverstanden erklärt, weil er nicht weiß, was seine Zustimmung in der Praxis für Konsequenzen hätte.
Es ist schwierig, sich für ein bestimmtes Vorgehen zu entscheiden, wenn man nicht genau weiß, was man will. Klar definierte Absichten sind eine unabdingbare Voraussetzung für einen klaren und deutlichen Vorschlag, den Sie mit größerer Wahrscheinlichkeit durchsetzen können.

Beispiel
Nehmen wir an, Sie wollen Ihren Chef dazu bringen, Sie besser zu bezahlen. Das sieht zwar auf den ersten Blick wie eine klare Forderung aus, ist aber bei genauerer Betrachtung recht vage.
Was verstehen Sie unter Ihrer Bezahlung: Ihr Monatsgehalt, das Jahresgehalt, Zusatzleistungen, sonstige Prämien…? Um wie viel soll die Bezahlung erhöht werden – um 1 Prozent, 10 Prozent, 50 Prozent? Und wann soll das stattfinden: heute, in einem Monat, im nächsten Jahr? Diese und viele andere Details bleiben unspezifiziert.

Ein smartes Ziel
Ein oft zitiertes, aus dem Englischen stammendes Akronym besagt, dass Ziele SMART sein sollen:

Spezifisch, Messbar, Ausführbar, Realistisch und Terminiert, d.h. zeitlich fixiert (*specific, measurable, achievable, realistic, timed*).

Ich möchte das jetzt auf das Beispiel der besseren Bezahlung beziehen, um Ihnen zu zeigen, wie man durch eine derartige Betrachtung zu einem fest umrissenen Ziel kommen kann. Stellen Sie sich die folgenden fünf Fragen, um festzustellen, wie genau Sie wissen, was Sie wollen:

1. Ist Ihr fiktives Ziel (höhere Bezahlung) spezifisch?
Nein, nicht besonders. Damit es ein echtes Ziel wird, müssen Sie sich eine genaue Zahl bzw. eine gewisse für Sie akzeptable Bandbreite überlegen (eine Erhöhung zwischen ... und ...).

2. Ist Ihr Ziel messbar?
Eigentlich nicht – eine „bessere Bezahlung" kann so ziemlich alles sein. Wenn Sie aber eine feste Zahl hinzusetzen – beispielsweise eine Erhöhung des Monatsgehalts um 10 Prozent, die Sie dann als Betrag ausrechnen –, lässt sich Ihr Ziel präzise messen. Nach den Verhandlungen wissen Sie dann genau, ob Sie es erreicht haben.

3. Ist Ihr Ziel ausführbar?
Nun, das hängt davon ab, wie Sie das Ziel definieren. Sollten Sie sich für eine Erhöhung um 50 Prozent entscheiden, könnte es sich als nicht ausführbar erweisen. Sie müssen einen Betrag wählen, der zum einen das darstellt, was Sie gern hätten, und zum anderen wahrscheinlich auch möglich ist.

4. Ist Ihr Ziel realistisch?
Das bedeutet ganz konkret, ob Sie versuchen sollen, den von Ihnen festgelegten Betrag zu bekommen. Hier spielen Fragen wie „Ist die Forderung vernünftig?“, „Wie wird sie beurteilt werden?“, „Profiliere ich mich dadurch als Aufschneider oder als Duckmäuser?“ eine Rolle.
Diese größere Perspektive stellt ebenfalls einen wichtigen Teil des Zielsetzungsprozesses dar.

5. Wie soll der zeitliche Ablauf aussehen?
Auch dieser Punkt muss spezifiziert werden, und zwar in zweierlei Hinsicht. Zum einen müssen Sie sich die Frage stellen, was Sie bei einer bestimmten Besprechung oder innerhalb eines festgelegten Zeitraums erreichen wollen. Zum anderen geht es darum, festzulegen, wann Sie konkrete Ergebnisse sehen wollen: Soll schon Ihre nächste Gehaltsabrechnung höher sein?

Wer sich durchsetzen möchte, muss wissen, was er will. Um festzustellen, ob das eigene Ziel fest umrissen ist, kann man sich die Frage stellen, ob es SMART ist – d. h. Spezifisch, Messbar, Ausführbar, Realistisch und Terminiert. Wenn nicht, sollte man es entsprechend genauer definieren.

2.3 Das Gespräch strukturieren

Welche Form die Kommunikation auch haben wird – Ihr Beitrag zu einer Gruppenbesprechung, ein ruhiges und ausführliches Einzelgespräch am Schreibtisch oder nur eine kurze Begegnung auf dem Flur –, Sie müssen sich eine Vorstellung davon machen, wie sie im Idealfall verlaufen sollte.

Der ideale Gesprächsverlauf

Sie sollten sich also über den Ablauf des Gesprächs Gedanken machen. Was werden Sie als Erstes, Zweites und Drittes sagen? Wie wollen Sie Ihren Vorschlag präsentieren? Was für Beispiele oder Beweise können Sie anführen? Wie wird Ihr Vorschlag voraussichtlich aufgenommen werden? Und ähnliche Fragen mehr.
Natürlich ist Ihnen klar, dass keine Besprechung genau so ablaufen wird, wie Sie es sich ausgemalt haben – Menschen sind nun einmal unberechenbar –, doch das sollte Sie nicht davon abhalten, sich vorzubereiten. Sie wollen ja versuchen, Ergebnisse zu erzielen, die Ihrem Ideal möglichst nahe kommen. Dazu gehört auch, Ihr Anliegen gut vorzubringen und mit abweichenden Ansichten umgehen zu können.
Ihre Entscheidungen bei der Planung werden von den Zielen abhängen, die Sie sich gesetzt haben. Wenn die von Ihnen gewünschte Gehaltserhöhung z. B. sehr hoch ist, müssen Sie bestimmt mehr tun, um Ihren Chef dazu zu bewegen, Sie anzuhören und Ihre Forderung ernst zu nehmen. Sie werden logischerweise auch mehr schlagkräftige Argumente brauchen, um sie zu untermauern.

Informationen sammeln

In diesem Stadium der Vorbereitung kann es nützlich sein, sich einige Informationen zu beschaffen oder die vorhandenen zu überprüfen. Manchmal reicht schon eine kleine, routinemäßige Überprüfung aus. Wenn Sie

aber versuchen wollen, jemanden, mit dem Sie noch nie zu tun hatten, von etwas zu überzeugen, sollten Sie gründlicher vorgehen.
Informieren Sie sich über Ihren Ansprechpartner – was macht er, was weiß er, wen kennt er, wie dürfte er über die Dinge denken? Das kann bedeuten, mit Dritten zu sprechen und Firmenverzeichnisse oder Jahresberichte durchzusehen, um z.B. Genaueres über die Firma herauszufinden, für die er arbeitet. Wenn Sie sich auf Vermutungen verlassen, statt sich Fakten zu besorgen, kann das Ihr Vorhaben, sich durchzusetzen, untergraben.

Überlegen Sie sich, was Sie auf jeden Fall wissen müssen und was sonst noch hilfreich sein könnte. Wenn Sie in dieser Hinsicht nur ein bisschen mehr tun, als unbedingt nötig ist, kann das bei der Kommunikation ein großer Aktivposten sein.

Beispiel
Um das wieder auf unser Beispiel zu übertragen: Wenn Sie besser bezahlt werden wollen, ist es beispielsweise sehr sinnvoll zu prüfen, wann Sie Ihre letzte Gehaltserhöhung bekommen haben und wie hoch diese prozentual gesehen war. Natürlich dürften auch die aktuellen Trends in Ihrer Branche und die Entwicklung der Lebenshaltungskosten im Land, in dem Sie leben, eine Rolle spielen.
Das herauszufinden kostet Sie vermutlich nur relativ wenig Zeit, wird sich aber höchstwahrscheinlich als überaus nützlich erweisen.

Machen Sie sich vor dem Gespräch ein Bild davon, wie es im Idealfall verlaufen könnte. Wenn Sie Ihre Argumente und die Entgegnungen Ihres Gesprächspartners überdenken, schaffen Sie es am ehesten, Ihre Wünsche weitgehend durchzusetzen. Nehmen Sie sich die Zeit, sich genügend Informationen zu beschaffen, um wirklich gut argumentieren zu können.

2.4 Ihren Vorschlag untermauern

Um Zustimmung zu Ihrem Vorschlag zu bekommen, wird es wohl nicht ausreichen, ihn einfach nur vorzubringen. Bei diesem Teil des Planungsprozesses geht es darum, sich zu überlegen, womit Sie ihren Vorschlag so untermauern können, dass er am ehesten angenommen wird. Hierfür gibt es unterschiedliche Mittel.

Visuelle Hilfsmittel
Optische Eindrücke haben eine besonders starke Wirkung auf uns: Denken Sie nur daran, wie viel schwerer es uns fällt, im Restaurant einen Nachtisch abzulehnen, wenn der Dessertwagen direkt neben uns steht!
Was könnten Sie Ihrem Gesprächspartner zeigen? Ein Bild, ein Diagramm, detaillierte Zahlen, einen „Appetithappen“? Sie wissen bestimmt aus eigener Erfahrung, dass die Entscheidung über neue Vorhänge durch das Musterbuch beeinflusst wird, das man als Kunde mitnehmen kann, um sich die Wirkung eines Stoffes in den eigenen vier Wänden anzusehen.
Es gibt ungeheuer viele Möglichkeiten. Greifen Sie nicht einfach zu dem, was gerade verfügbar ist, sondern über-

legen Sie sich, was wirklich nützlich wäre – oft lohnt es sich, etwas speziell anzufertigen, was Sie dann vorzeigen können.

Das richtige Timing
Achten Sie darauf, dass Sie Ihren Vorschlag gut durchdacht vorbringen. Es ist im Allgemeinen sehr eindrucksvoll, wenn Sie etwas wie aufs Stichwort hervorzaubern, vielleicht aus einer großen Menge von Material. Noch wirkungsvoller ist es, solche Dinge so zu präsentieren, als seien sie speziell für den anderen gedacht: „Ich glaube, dass das hier es für Sie leichter machen wird, sich Folgendes vorzustellen ..."

Unterstützung von Dritten
Ein Faktor, der in schwierigen Situationen hilfreich sein kann, ist die Anwesenheit von Dritten. Überlegen Sie sich dann aber genau, wer das sein soll, wer von diesen Personen was tun soll und wie sie reibungslos zusammenarbeiten können.
Wenn Sie das sorgfältig geplant haben, kann die geschickte Zusammenarbeit von zwei oder mehr Leuten dazu beitragen, Ihr Durchsetzungsvermögen erheblich zu steigern.

Nun sind Sie im Prinzip auf das Gespräch gut vorbereitet, denn Sie wissen, wie Ihr Ziel genau aussieht und wie Sie es präsentieren wollen, und Sie können in etwa Ihren Ansprechpartner einschätzen. Zudem ist Ihnen klar, mit welchem Material Sie Ihren Vorschlag untermauern wollen, welche Schwierigkeiten auftreten können und wie Sie im Ansatz darauf reagieren werden.

Abstimmung auf Zeit und Ort

Neben der inhaltlichen Vorbereitung eines Gesprächs ist es häufig auch wichtig, sich über die praktischen Begleitumstände wie Dauer und Ort der Kommunikation Gedanken zu machen.

Überlegen Sie sich, wie viel Zeit Sie haben werden. Es hat keinen Sinn, eine wirklich überzeugende halbstündige Präsentation vorzubereiten, wenn man Ihnen nur halb so viel Zeit gibt.

Eine weitere wichtige Frage gilt der Umgebung: Wo wird die Besprechung stattfinden? Wird der Tisch groß genug sein, um das ganze Material, das Sie benutzen wollen, darauf auszubreiten?

Wenn es sich nicht um ein Einzelgespräch handelt, könnten Sie sich überlegen, ob Sie nicht auch andere Techniken wie Folien oder ein Flipchart einsetzen möchten. Dadurch fügen Sie Ihrer Argumentation eine zusätzliche Dimension hinzu. (Ein anderes Buch aus dieser Reihe, das nützlich für Sie sein könnte, ist *30 Minuten bis zur überzeugenden Präsentation*.)

Selbstsicher auftreten

Natürlich kann man nie wissen, wie die Dinge laufen werden; Ihre Planung darf nicht zur Zwangsjacke werden, sondern muss es Ihnen im Gegenteil ermöglichen, flexibel zu sein. Dabei wird es Ihnen sicher helfen, vorher über die oben genannten Punkte nachzudenken.

Dadurch wird außerdem ein weiteres wichtiges Element in die Gleichung eingebracht, durch das Sie mehr Durchsetzungsvermögen erlangen: Selbstvertrauen. Wenn Sie sich über den vor Ihnen liegenden Weg im Klaren sind und weniger improvisieren müssen, wird

Ihnen das, was Sie tun, leichter fallen, und Ihr Auftreten ist selbstsicherer und bestimmter.

Wer sich durchsetzen will, muss sich auf das bevorstehende Gespräch vorbereiten. Ein positiver Nebeneffekt ist die Tatsache, dass man selbstsicherer auftritt und dadurch allein schon seine Chancen erhöht. Gehen Sie bei der Vorbereitung folgendermaßen vor:

- ***Zunächst müssen Sie Ihr Ziel fest umreißen.***
- ***Dann stellen Sie sich den idealen Ablauf des Gesprächs vor und beschaffen sich die benötigten Informationen.***
- ***Schließlich überlegen Sie sich, womit Sie Ihren Vorschlag untermauern können, und stellen sich auf die äußeren Umstände (Zeit und Ort) ein.***

3. Die Erwartungen Ihres Ansprechpartners

Wissen Sie, wie wichtig Verständnis für eine Abwehrreaktion ist?

Seite 34

Ist Ihnen klar, dass Sie die Überzeugungen Ihres Gegenübers nicht zu ändern brauchen, um sich durchzusetzen?

Seite 37

Kennen Sie den Zusammenhang zwischen Durchsetzungsvermögen und kooperativem Denken?

Seite 40

Gute Vorbereitung ist natürlich keine Erfolgsgarantie, aber immer sehr nützlich. Das Gleiche gilt für die Vorgehensweise, mit der ich mich jetzt beschäftigen möchte. Der Grundgedanke dabei ist extrem einfach: Es wird Ihnen eher gelingen, sich durchzusetzen, wenn Sie nicht nur berücksichtigen, was Sie selbst wollen, sondern auch, was für Ansprüche die anderen haben.
Diese Perspektive sollte überhaupt die Grundlage für alles, was Sie tun, bilden. Es ist sehr wichtig, darüber nachzudenken, wie es vom Standpunkt des anderen aussieht, wenn Sie sich durchsetzen, der andere hingegen derjenige ist, der überzeugt wird.
Dabei spielen vor allem drei Aspekte eine große Rolle: die Gefühle des anderen, seine Wünsche und Bedürfnisse und die Art und Weise, wie er die Entscheidung trifft, Ihrem Vorschlag entsprechend zu handeln (oder auch nicht).

3.1 Die Gefühle Ihres Ansprechpartners

Angenommen, Sie versuchen, jemanden dazu zu bringen, etwas Bestimmtes zu tun, wird die erste Reaktion Ihres Gegenübers möglicherweise zunächst Ablehnung sein. Ein stummes: „Ich lasse mir doch nicht sagen, was ich tun soll!“
Wenn dem anderen dann aber klar wird, was Sie von ihm wollen, wandeln sich seine Gefühle, und er reagiert positiv, negativ oder abwartend. Natürlich fällt es einem immer leichter, mit positiven Reaktionen umzugehen und sie sich zunutze zu machen.

Eine einfache Ausgangsposition

Wenn die Sachlage klar ist und man seinen Gesprächspartner dazu bringen will, etwas zu tun, was dieser selbst als vorteilhaft empfindet, wird er das vermutlich relativ unmittelbar als eine gute Idee betrachten – eventuell nach einer anfänglichen Abwehrreaktion. In solchen Fällen stößt derjenige, der seine Meinung durchsetzen will, auf wenig Widerstand. Er braucht lediglich auf dem bereits vorhandenen Wohlwollen aufzubauen. Wer beispielsweise vorhat, mit Kollegen Veränderungen bei der Arbeit zu besprechen, die ihnen das Leben erleichtern und vielleicht eine Gehaltserhöhung bescheren, wird sofort ihr Interesse wecken. Das heißt zwar nicht, dass sie gar nicht nach Haken suchen werden, doch ihre Einstellung wird im Wesentlichen positiv sein.

Eine schwierige Ausgangsposition

Meist sieht die Situation jedoch anders aus: Man steht Ihnen entweder von Anfang an skeptisch gegenüber, oder aber die verschiedensten negativen Gefühle entstehen, während Sie Ihren Vorschlag unterbreiten. Achten Sie in solchen Fällen sehr genau darauf, wie Ihr Ansprechpartner reagiert, und stimmen Sie Ihr weiteres Vorgehen darauf ab.

Wie sich Ihr Ansprechpartner fühlen kann

Je nachdem, wie Ihr Vorschlag aussieht, wird Ihr Ansprechpartner unterschiedlich reagieren – manchmal sogar, ohne dass ihm das selbst bewusst wird. Er kann:

- sich unsicher fühlen: „Das klingt kompliziert. Ich bin nicht sicher, ob es mir gelingen wird, die richtige Entscheidung zu treffen."

- sich bedroht fühlen: „Darüber sollte ich entscheiden. Ich darf mich nicht von jemand anderem dazu verleiten lassen."
- das Gefühl haben, die Kontrolle zu verlieren: „Wenn ich die falsche Entscheidung treffe, könnte ich Schwierigkeiten bekommen. Jede Entscheidung ist mit einem Risiko verbunden, und das Ganze könnte sich gegen mich kehren."
- beunruhigt sein: „Sie schlagen Veränderungen vor. Soll das heißen, dass ich bisher etwas falsch gemacht habe? Das gefällt mir nicht!"
- sich bedrängt fühlen: „Dieses Gespräch wird mir unangenehm. Ich werde aufgefordert, über Dinge zu reden, die ich lieber für mich behalten würde."
- befürchten, als Dummkopf dazustehen: „Sie wissen mehr als ich und benutzen das, um mich bloßzustellen. Ich traue mich nicht, Einwände zu machen, obwohl ich nicht überzeugt bin."
- verwirrt sein: „Ich müsste das eigentlich verstehen, aber Sie machen mir die Dinge nicht klar genug bzw. geben mir nicht die Gelegenheit, Klarheit zu gewinnen."
- Zweifel haben: „So, wie Sie das darstellen, klingt es gut, aber es ist ja auch das, was Sie wollen; vielleicht ist der Fall gar nicht so eindeutig, wie es scheint."
- sich übergangen fühlen: „Ich glaube nicht, dass Sie meinen Standpunkt berücksichtigt haben – für Sie ist das alles in Ordnung, aber für mich nicht."
- misstrauisch sein: „Leute, die einem etwas schmackhaft machen wollen, übertreiben immer und sind nur an dem interessiert, was sie selbst wollen. Ich lasse mich aber nicht hereinlegen."

Die richtige Reaktion auf eine negative Grundhaltung
Wenn Sie einen Augenblick darüber nachdenken, wird Ihnen klar werden, dass all diese Gefühle verständlich sind und keinesfalls gegen Sie persönlich gerichtet. Sollten Sie damit konfrontiert werden, dürfen Sie nicht einfach weitermachen, als ob der andere Ihre Botschaft mit offenen Armen empfängt, denn das könnte zu großen Problemen führen. Wenn der andere so empfindet, hat er den Kopf nämlich nicht frei, um zu erkennen, dass das, was Sie wollen, wohl begründet und logisch ist. Es reicht nicht aus, Ihre Vorschläge klar zu formulieren und sie gut zu untermauern – Ihr Ansprechpartner muss sie auch als etwas sehen, dem er bereitwillig zustimmen kann.

Menschen reagieren oft zunächst abwartend oder gar ablehnend, wenn man ihnen etwas vorschlägt. Das ist vollkommen normal. Wenn Sie sich einem anderen gegenüber durchsetzen wollen, sollten Sie versuchen, sich in seine Lage zu versetzen und seine Gefühle (Unsicherheit, Angst, Zweifel...) zu berücksichtigen.

3.2 Die Wünsche und Bedürfnisse Ihres Ansprechpartners

Was Menschen wollen, kann natürlich sehr unterschiedlich sein. Es hängt von ihrer Situation ab, von ihren Ansichten, Erfahrungen und Vorurteilen. Es kann tief sitzende Überzeugungen widerspiegeln, aber auch aktuellere, vorübergehende Ansichten oder eine Mischung von beidem.

Manchmal werden Sie schon im Voraus wissen, was der andere will, doch meist wird sich das erst im Lauf des Gesprächs herausstellen, oder Sie müssen sich sogar aktiv darum bemühen, es herauszufinden.
Wenn eine ganze Reihe unterschiedlicher, teilweise vielleicht sogar widersprüchlicher Wünsche und Bedürfnisse eine Rolle spielt, kann es für Sie unter Umständen schwierig sein, diese herauszufinden und sich darauf einzustellen. Denken Sie trotzdem daran: Die Wünsche des anderen zu erkennen, zu verstehen und darauf einzugehen ist sehr wichtig, wenn man jemanden überzeugen will!

Beispiel
Ich möchte Ihnen anhand eines einfachen Beispiels verdeutlichen, worum es dabei im Einzelnen geht: Nehmen wir an, dass Sie zusammen mit einigen Kollegen eine wichtige Präsentation halten sollen. Sie wollen diese Kollegen nun dazu bringen, sich Zeit zu nehmen, um die Präsentation vorher gemeinsam zu proben, damit sie wirklich gut läuft.

Was könnten die Wünsche Ihrer Kollegen sein?
1. Dafür sorgen, dass die Präsentation gut läuft: Genau wie Sie, aber vielleicht sind Ihre Kollegen zuversichtlicher als Sie, dass sie sie zu einem Erfolg machen können.
2. Möglichst wenig Zeit für die Vorbereitung aufwenden: Zweifellos wieder wie Sie; vielleicht verleitet sie dieser Wunsch jedoch dazu zu denken, dass ein gemeinsamer Probedurchlauf ein unnötig hoher Aufwand wäre.

3. Die Vorbereitung bis zur letzten Minute aufschieben: Vielleicht, weil andere Aufgaben im Augenblick dringender scheinen.
4. Sie bei der Präsentation übertrumpfen: Es könnte Ihren Kollegen oder auch nur einem von ihnen wichtiger sein, bei irgendjemandem für sich persönlich Punkte zu sammeln, als die Präsentation insgesamt erfolgreich verlaufen zu lassen.

Je nach der Art der Präsentation, ihrer Bedeutung und der Einstellung Ihrer Kollegen könnten noch viele andere Beweggründe und Gefühle eine Rolle spielen. Eines steht aber fest: Solche Wünsche und Bedürfnisse beeinflussen die Wahrscheinlichkeit, dass es Ihnen gelingt, Ihren Wunsch durchzusetzen. Bei diesem Beispiel sind die Standpunkte der Beteiligten ganz klar:

Divergierende Ansichten

- Punkt 1: Sie wollen alle, dass die Präsentation gut läuft, sind aber unterschiedlicher Ansicht darüber, was dafür erforderlich ist.
- Punkt 2: Sie wollen im Großen und Ganzen dasselbe, halten aber einen unterschiedlich großen Zeitaufwand für notwendig.
- Punkt 3: Sie und Ihre Kollegen sind unterschiedlicher Ansicht darüber, wann mit der Vorbereitung begonnen werden soll.
- Punkt 4: Hier könnte der Wunsch eines Einzelnen bzw. Einzelner, sich in den Vordergrund zu drängen, geradezu konträr sein zu dem gemeinsamen Hauptziel (bei der Präsentation reibungslos zusammenzuarbeiten).

Übereinstimmung erreichen

Will man sich auf eine Vorgehensweise einigen, muss ein Gleichgewicht zwischen den unterschiedlichen Standpunkten hergestellt werden. Wenn Sie derjenige sind, der durchsetzen will, dass etwas Bestimmtes geschieht, sind Sie natürlich der Überzeugung, dass Ihre Vorstellung richtig ist oder zumindest die bestmögliche Alternative darstellt.

Wie können Sie die anderen dazu bringen, sich Ihnen anzuschließen? Praktisch bedeutet das für Ihre Kollegen, dass sie ihre Vorgehensweise an Ihre Vorstellungen anpassen. Das wiederum bedeutet für Sie, dass Sie Ihre Kollegen gar nicht dazu zu bringen brauchen, ihre Überzeugung zu ändern. Es reicht vollkommen aus, wenn sie „mitspielen“.

Ihre Kollegen könnten es grundsätzlich als einfacher und daher sinnvoller betrachten, Vorbereitungen erst in letzter Minute zu treffen, aber trotzdem zustimmen, einen Termin dafür festzusetzen, der Ihnen angemessen erscheint.

In der Praxis werden sehr oft Kompromisse geschlossen, die irgendwo zwischen den unterschiedlichen Standpunkten liegen und somit allen Beteiligten gerecht werden.

Wer einen anderen überzeugen will, muss sich zunächst mit dessen Wünschen auseinander setzen. Um Übereinstimmung zu erreichen, reicht es allerdings völlig aus, Ihren Ansprechpartner dazu zu bringen, sich an die von Ihnen gewünschte Vorgehensweise anzupassen. Seine Meinung können Sie unberührt lassen.

3.3 Wie Entscheidungen getroffen werden

Eine gute Definition von verkaufen ist: „Menschen dabei helfen, ein Produkt oder eine Dienstleistung zu kaufen." Für Vorschläge, die Sie durchsetzen wollen, gilt das ebenso – den Weg dorthin sollten Sie als einen Prozess betrachten, bei dem Sie Ihrem Gesprächspartner dabei helfen, eine Entscheidung zu treffen, und ihn gleichzeitig dazu anregen, sie in Ihrem Sinne ausfallen zu lassen.

Das Für und Wider abwägen

Derjenige, der eine Entscheidung fällen will,

- betrachtet die verschiedenen Möglichkeiten
- wägt ihre jeweiligen Vor- und Nachteile ab
- zieht eine Gesamtbilanz und
- entscheidet sich dann für die Vorgehensweise, die ihm insgesamt als die beste erscheint.

Das bedeutet nicht, dass man nach einer Möglichkeit sucht, die keinen einzigen Nachteil hat – das wäre ja völlig unrealistisch –, sondern dass man die Dinge sorgfältig abwägt und eine akzeptable Möglichkeit wählt, bei der die Vorteile überwiegen.

Stellen Sie sich eine altmodische Balkenwaage vor. In der einen Schale sind die Plus-, in der anderen die Minuszeichen. Die Zeichen sind verschieden groß, weil manche Elemente der Argumentation wortwörtlich schwerwiegender sind. Zudem stehen manche Zeichen für materielle Dinge, andere dagegen für immaterielle Dinge bzw. subjektive Empfindungen. Gerade die immateriellen Aspekte können beim Entscheidungsfindungsprozess eine sehr große Rolle spielen.

Beispiel
Im Fall der Präsentation wäre es ein materielles Ziel, dadurch ein konkretes Ergebnis zu erreichen (z.B. Übereinstimmung über eine zehnprozentige Erhöhung des Budgets), während der Wunsch Einzelner, ihren Status innerhalb der Firma durch ihr Auftreten bei der Präsentation zu verbessern, ein immaterielles Ziel wäre.

Hilfestellung bei der Entscheidung leisten
Wenn es um einen Kauf geht, bringen Auswahlmöglichkeiten Wettbewerb mit sich: Wer eine Waschmaschine kaufen will, muss sich entscheiden, welche Marke es sein soll, wo er sie kaufen will und welchen Preis er zu zahlen bereit ist. Auch in anderen Situationen gibt es mehrere Möglichkeiten.
Bei unserem Beispiel von der Präsentation müssen Ihre fiktiven Kollegen entscheiden, ob sie überhaupt eine „Generalprobe“ machen wollen, ob diese früher oder später stattfinden soll, wie man sie so gestalten kann, dass sie ihnen persönlich bzw. allen gemeinsam nützt, und so weiter.
Überlegen Sie, welche Alternativen sich Ihrem Ansprechpartner bieten, und legen Sie sich für jede einzelne Argumente zurecht. Vergessen Sie dabei nicht, dass es auch attraktiv sein kann, gar nichts zu tun.

Sich mit den anderen durchsetzen, nicht gegen sie
Sie sollten bei Entscheidungen, die Ihr Ansprechpartner als schwierig empfindet, nicht gegen ihn ankämpfen.

Versuchen Sie lieber, auf positive Weise zu einer Lösung beizutragen! Überzeugende Kommunikation ist nicht gegen andere gerichtet, sondern etwas, das mit ihnen zusammen entsteht.
Diese Unterscheidung ist wichtig, denn wer Kommunikation als Einbahnstraße betrachtet, hat es schwerer zu erreichen, was er sich vorgenommen hat. Menschen, die kooperativ denken, haben im Allgemeinen mehr Durchsetzungsvermögen!

Was die Entscheidung hinauszögert
Das Bild muss noch durch einen letzten Punkt abgerundet werden: Manche Entscheidungen sind besonders wichtig; die Beteiligten könnten daher der Ansicht sein, dass sie mehr Nachdenken erfordern. Das kann den Prozess, bei dem Sie Ihren Vorschlag durchsetzen wollen, erheblich verlängern.
Bei schwierigen Entscheidungen gehen die Leute nämlich gerne „auf Nummer Sicher". Sie wollen das Gefühl haben, dass die Entscheidung durch einen vernünftigen und gründlichen Prozess getroffen wurde und daher mit größerer Wahrscheinlichkeit richtig ist, und sie könnten Wert darauf legen, dass auch andere (zum Beispiel ihr Vorgesetzter) diesen Eindruck haben.
Ihre Aufgabe ist es in einem solchen Fall, sich auf keinen Fall beirren zu lassen und auch nicht vorzeitig aufzugeben, sondern trotzdem „am Ball zu bleiben" und Ihrem Gesprächspartner geduldig zu helfen, zur Entscheidung zu kommen, an der Ihnen gelegen ist. Geben Sie dem anderen dabei nicht das Gefühl, bedrängt zu werden, und treten Sie dennoch beharrlich und entschieden auf!

Derjenige, der eine Entscheidung trifft, wägt das Für und Wider der unterschiedlichen Alternativen ab, wobei er materielle wie immaterielle Aspekte in seine Überlegungen einbezieht. Wenn Sie einen Vorschlag durchsetzen wollen, müssen Sie den anderen dabei unterstützen, die Entscheidung zu fällen, die Ihnen gelegen kommt. Denken Sie dabei immer kooperativ!

Der Gedankengang Ihres Ansprechpartners

Behalten Sie das Bild von der Waage im Kopf, dann können Sie besser verstehen, was bei einem Gespräch, bei dem Sie andere von etwas überzeugen wollen, vonstatten geht. Außerdem können Sie das Gespräch leichter strukturieren, wenn Sie eine klare Vorstellung von den unterschiedlichen Gedanken haben, die beim Abwägen der Alternativen eine Rolle spielen.

Die Psychologen haben sich eingehend mit dem Entscheidungsfindungsprozess befasst. Ein Ergebnis, zu dem sie gekommen sind, lautet, dass der Prozess aus mehreren Phasen besteht und derjenige, der die Entscheidung trifft, in etwa folgende Überlegungen anstellt:

- „Ich bin am wichtigsten! Egal, was ich Ihrer Ansicht nach tun soll – ich erwarte von Ihnen, dass Sie meinen Gefühlen im Hinblick auf diese Sache Rechnung tragen, dass Sie mich respektieren und auf meine Bedürfnisse eingehen."
- „Welche Auswirkungen hat Ihr Vorschlag? Sagen Sie mir, wie er aussieht und welche Vor- und Nachteile er hat, so dass ich beides gegeneinander abwägen kann. Dabei werde ich berücksichtigen, dass es im Normalfall keine perfekten Vorschläge gibt."

- „Wie soll das praktisch ablaufen?“ Der andere will auch die Details beurteilen können, die weniger die Qualität des Vorschlages selbst betreffen als die Konsequenzen seiner Umsetzung.
- Beim Präsentationsbeispiel etwa: „Bedeutet eine Probe, dass ich Ihnen vorher schriftlich gebe, was ich sagen will?“ – eine zeitintensive Aufgabe, die als negativ angesehen wird. Ist das hingegen nicht nötig, kann das der Plusseite der Bilanz zugerechnet werden.
- „Wie soll ich jetzt im Einzelnen handeln?“ Auch dieser Punkt gehört zur Bilanz. Offenbar hat irgendetwas Sie davon überzeugt, dass dieses Buch Ihnen zu mehr Durchsetzungsvermögen verhelfen wird, und Sie haben es gekauft. Damit haben Sie anerkannt (und akzeptiert), dass Sie es lesen müssen und dass Sie das ein bisschen Zeit kostet. Die Handlung – das Buch zu lesen – ist ein integraler Bestandteil des Vorschlags. Wären Sie nicht dazu bereit gewesen, wäre Ihre Entscheidung wohl anders ausgefallen.

Die Dauer des Prozesses

Nach Ablauf dieses Gedankengangs hat derjenige, der die Entscheidung trifft, das Gefühl, über genügend Informationen zu verfügen. Er hat die Vor- und Nachteile für diesen Vorschlag im Kopf und kann sie mit denen anderer Möglichkeiten vergleichen. Dann kann er seine Entscheidung treffen und wird überzeugt sein, dass sie vernünftig ist und auf einer gut durchdachten Grundlage beruht.

Die Reihenfolge des Denkprozesses hat allgemeine Gültigkeit, doch seine Dauer steht nicht fest. Er kann nur

wenige Augenblicke dauern, sich aber auch über Tage, Wochen oder sogar Monate hinziehen.
Die Entscheidungsfindung läuft jedoch immer in dieser Reihenfolge ab. Deshalb lohnt es sich für Sie, Ihre Vorschläge auf eine Weise zu präsentieren, die auf den Prozess ausgerichtet ist, um dem anderen dadurch zu helfen und gleichzeitig Ihre Chancen, sich durchzusetzen, zu erhöhen.

Entscheidungsfindungsprozesse laufen in einer bestimmten Reihenfolge ab, egal wie lange sie dauern. Dabei wägt derjenige, der die Entscheidung fällt, zuerst ab, was für Vor- und Nachteile die unterschiedlichen Alternativen haben, und fragt sich dann, was die Konsequenzen für ihn selbst wären. Stimmen Sie die Präsentation Ihres Vorschlags auf diesen Gedankengang ab.

3.4 Ihr Auftreten

Ihre Persönlichkeit spiegelt sich in Ihrem Kommunikationsstil wider. Darum will ich Ihnen auch nicht vorschlagen, sich anders zu geben, als Sie sind. Das funktioniert ohnehin nicht, Sie würden nur ein gekünsteltes Verhalten an den Tag legen! Dennoch sollten Sie darüber nachdenken, wie Sie auf andere wirken.
Wäre es für Sie vorteilhaft, sich gut informiert zu zeigen, erfahren, rücksichtsvoll, freundlich, aufgeschlossen, anpassungsfähig, selbstsicher, vorausschauend, zuversichtlich, interessiert (besonders am anderen oder am Thema des Gesprächs), respektvoll, konsequent, zuverlässig usw.?

Und wie wollen Sie nicht wirken? Ist es wichtig, Ihrem Gegenüber zu zeigen, dass Sie auf Details achten und seine Zeit als wertvoll betrachten? Dass Ihr Aussehen Ihrer Rolle angemessen ist? Hier können viele Faktoren von Bedeutung sein.
Der wesentliche Punkt ist, dass Sie über alle diese Faktoren selbst entscheiden können. Es bleibt Ihnen überlassen, ob Sie sich beispielsweise selbstsicher oder erfahren geben wollen. (Bis zu einem gewissen Grad geht das sogar, wenn Sie es gar nicht sind!)

Sich anpassen
Sie können Faktoren herausstreichen, die dem anderen wichtig sind, und sollten sich sogar vorher überlegen, welche das sein könnten. Wenn Ihr Ansprechpartner z. B. alles haarfein besprechen möchte, gehen Sie einfach darauf ein. Sie sollten bereit sein, alles zu tun, was es Ihnen schließlich ermöglicht, sich durchzusetzen.
Im Grunde ist das nur eine Steigerung dessen, was wir unbewusst immer tun, wenn wir mit unterschiedlichen Leuten, zum Beispiel von entgegengesetzten Enden der Firmenhierarchie, kommunizieren: Wir passen uns an. Wenn Sie von vornherein über diesen Punkt nachdenken, wird Ihr Auftreten Ihre Chancen erheblich erhöhen.

Projektion und Empathie
In diesem Zusammenhang sind zwei Faktoren besonders wichtig: Projektion (damit ist in der Psychologie die Übertragung der eigenen Gefühle auf den Gesprächspartner gemeint) und Empathie – die Fähigkeit, sich in die Einstellung des anderen einzufühlen und ihm das auch deutlich zu machen.

Diese beiden Faktoren sollten immer eine harmonische Verbindung eingehen. Bei zu viel Projektion wirken Sie diktatorisch und aggressiv, bei zu wenig Empathie unsensibel und rücksichtslos. Durch Empathie kann man ein Vorgehen, das der andere sonst als überwältigend empfinden würde, so abmildern, dass das Gesamtergebnis akzeptabel ist. Dafür braucht man vielleicht nur ein paar Worte zu ändern, indem man zum Beispiel ein unannehmbares „Meiner Meinung nach sollten Sie das tun!“ verwandelt in: „Da Ihnen der zeitliche Ablauf so wichtig ist, würden Sie das vielleicht gern so tun!“.

Indem Sie sich in die Lage Ihres Ansprechpartners versetzen und seine Gefühle und Wünsche berücksichtigen, erhöhen Sie Ihre Chancen, sich durchzusetzen. Verschiedene Taktiken können Ihnen dabei helfen:

- ***Bedenken Sie, dass Sie die Überzeugung Ihres Gegenübers nicht ändern müssen. Es reicht völlig aus, wenn er bereit ist, zu tun, was Sie vorschlagen.***
- ***Helfen Sie dem anderen, die Entscheidung zu fällen, die Ihnen gelegen kommt. Seien Sie dabei kooperativ!***
- ***Stimmen Sie die Präsentation Ihres Vorschlags auf den Ablauf von Entscheidungsfindungsprozessen ab.***
- ***Überlegen Sie, wie Sie wirken wollen, und zeigen Sie Entgegenkommen. Eine gute Mischung von Projektion und Empathie kann viel bewirken.***

4. Eine überzeugende Argumentation

Ist Ihnen klar, wie wichtig es ist, gleich die Führung zu übernehmen? *Seite 47*

Kennen Sie den Nutzen von vertiefenden Fragen? *Seite 51*

Wissen Sie, welche drei Bedingungen Ihre Argumente erfüllen müssen? *Seite 53*

Die Form von Kommunikation, bei der Sie sich durchsetzen möchten, kann ganz unterschiedliche Formen haben. Hier möchte ich mich mit einer der häufigsten beschäftigen: dem Gespräch.
Hierbei kann es sich um eine formelle Besprechung handeln (zwei oder mehr Leute sitzen um einen Tisch herum), aber auch um eine Unterhaltung zwischen Tür und Angel (z.B. auf dem Weg zum Mittagessen). Manchmal sind die Umstände sogar besonders schwierig, beispielsweise bei einem Gespräch im Stehen in einer Fabrik, mit lauten Maschinen im Hintergrund. Doch das Ziel ist immer das gleiche: eine wohl überlegte Botschaft zu senden, die den anderen dazu bringt, das zu tun, was man möchte.

Es ist wichtig, eine klare Vorstellung davon zu haben, wie solche Gespräche im Einzelnen ablaufen. Um die Schlüsselelemente herauszuarbeiten, ist es sinnvoll, den Prozess in mehrere Teile zu zerlegen.

4.1 Sich einen guten Einstieg verschaffen

Durch Ihre Vorbereitung und Ihr Auftreten können Sie sich einen guten Start verschaffen. Die Einstellung, mit der Sie an das Gespräch herangehen, ist ebenfalls sehr wichtig.
Übernehmen Sie die Führung! Betrachten Sie es als Ihre Besprechung und sorgen Sie dafür, dass Sie die Fäden in der Hand halten und behalten. Das heißt nicht, dass Sie aggressiv auftreten sollen: Gute Moderatoren brauchen

ja auch nicht als Erste, am lautesten oder am längsten zu sprechen. Ebenso können Sie die Kontrolle übernehmen, ohne dass die anderen sich überfahren fühlen. Ergreifen Sie also die Initiative und gestalten Sie das Gespräch zum einen so, wie Sie es möchten, und zum anderen so, dass es Ihren Ansprechpartnern angemessen und akzeptabel erscheint.

Die Aufmerksamkeit auf sich lenken

Ihre erste Aufgabe ist es, die anderen dazu zu bringen, sich auf das anstehende Gespräch zu konzentrieren. Es wird Ihnen nie gelingen, jemanden von etwas zu überzeugen, der sich nicht auf die Sache konzentriert und sie dementsprechend gar nicht beurteilen kann.
Stellen Sie sich vor, was Ihre Ansprechpartner wohl denken (Wird das hier interessant, nützlich oder reine Zeitverschwendung sein?), und tun Sie alles, damit ihre erste Reaktion so ausfällt, wie Sie es sich wünschen.

Um den gewünschten Eindruck zu machen, sollten Sie:

- gut organisiert und vorbereitet wirken
- eine sinnvolle Tagesordnung vorschlagen und die Zustimmung Ihres Gesprächspartners dazu einholen
- ankündigen, wie lange die Besprechung dauern wird
- ohne Umschweife zur Sache kommen.

Im Allgemeinen ist es auch nützlich, einem der Anwesenden zu zeigen, dass er für die Besprechung besonders wichtig ist. Eine kleine Schmeichelei kann nicht schaden: „Herr Müller, hier könnten wir Ihr Organisationstalent gebrauchen; könnten Sie zehn Minuten aufbringen, um das durchzugehen?"

Natürlich können Sie nicht alle so für sich gewinnen. Wenn Sie jetzt aber denken: „Ja, ich zum Beispiel bin nicht so leichtgläubig!“, haben Sie damit schon gezeigt, wie gut solche kleinen Schmeicheleien funktionieren können.

Egal, ob Sie sich bei einer Gruppenbesprechung oder einem informellen Gespräch durchsetzen wollen, durch Ihr Auftreten können Sie sich einen guten Einstieg verschaffen. Übernehmen Sie von vornherein die Führung, lenken Sie die Aufmerksamkeit der anderen auf sich und steuern Sie geradewegs auf Ihr Ziel zu.

4.2 Die Sichtweise Ihres Ansprechpartners herausfinden

Wenn die Besprechung in Gang gekommen ist, besteht der nächste Schritt darin, herauszufinden, wie Ihre Ansprechpartner zu Ihrem Vorschlag stehen.

Beispiel
Im Fall der Präsentation könnte es nützlich sein, in Erfahrung zu bringen, ob Ihre Kollegen:
- eine Generalprobe wollen
- eine Probe brauchen
- eine Vorstellung haben, wann sie stattfinden soll
- davon ausgehen, dass sie einen bestimmten Zeitaufwand erfordern wird
- eine Vorstellung vom Ziel der Präsentation haben
- wissen, wie sie durchgeführt werden könnte etc.

Wenn Sie das in groben Zügen wissen und die Präsentationsfertigkeiten Ihrer Kollegen richtig einschätzen, dürften Sie eine relativ klare Vorstellung davon haben, mit was für Argumenten Sie sich durchsetzen können. Wenn die anderen definitiv keine Probe wollen, kann sich dieser Prozess zu einer wahren Schlacht entwickeln, es kann aber auch von vornherein recht große Einigkeit bestehen. Das wäre der Fall, wenn alle einsehen, dass eine Probe nötig ist, und Sie Ihre Kollegen nur noch davon überzeugen müssen, mehr Zeit dafür aufzuwenden, als sie einkalkuliert hatten.

Um das alles herauszufinden, müssen Sie Ihren Gesprächspartnern Fragen stellen und sich die Antworten aufmerksam anhören. Beide Punkte sind nicht ganz so einfach, wie es scheint.

Die richtigen Fragen stellen

Zu einer guten Vorbereitung gehört auch, darüber nachzudenken, welche Fragen man stellen könnte. Es kann ausschlaggebend sein, Ihre Fragen klar zu formulieren. Dabei haben sich drei Frageformen bewährt:

- Geschlossene Fragen: Sie führen zu schnellen Antworten in Form von „Ja“ oder „Nein“ und sind als Ausgangspunkt nützlich oder wenn man sich schnell etwas bestätigen lassen möchte.
- Offene Fragen: Diese Fragen können nicht mit „Ja“ oder „Nein“ beantwortet werden und fangen meist mit den Wörtern „Was“, „Warum“, „Wo“, „Wann“, „Wer“, „Wie“ an. Dadurch kann man seine Gesprächspartner zum Reden bringen bzw. sie in das Gespräch einbeziehen, was immer gern gesehen wird.

- Vertiefende Fragen: Dabei handelt es sich nicht um Fragen im eigentlichen Sinn. Vielmehr bitten Sie Ihr Gegenüber, mehr über bestimmte Themen zu erzählen. So bekommen Sie eine Reihe von Antworten auf nicht explizit gestellte Fragen und erfahren einiges über die Beweggründe des anderen.

In diesem Zusammenhang ist es sehr wichtig, dass die anderen merken, was Sie bezwecken. Durch geschickte Fragen können Sie sich zwar selbst ein klareres Bild verschaffen, doch das allein reicht nicht aus. Ihre Ansprechpartner müssen auch das Gefühl haben, dass Sie sich bemühen, ihre Position zu verstehen. So wird es Ihnen leichter fallen, sich durchzusetzen.

Beispiel
Auch das möchte ich auf das Präsentationsbeispiel übertragen: Wenn Sie Ihre Kollegen nur fragen, ob ihrer Ansicht nach eine Probe stattfinden sollte, sind die Antworten „Ja“ oder „Nein“ nicht sehr aufschlussreich.
Wenn Sie auf ein „Ja“ aber die Frage folgen lassen, warum sie eine solche Probe für notwendig halten (eine offene Frage), werden Sie mehr Informationen bekommen, z.B.: „Die ganze Sache macht mich schon ein bisschen nervös!“ Durch weitere Fragen können Sie dann noch mehr Einzelheiten erfahren, die Ihnen bei Ihrer Argumentation nützlich sein können.

Zuhören als Grundlage Ihrer Argumentation
In diesem Zusammenhang sind zwei Punkte wichtig: dass Ihre Ansprechpartner Ihnen aufmerksam zuhören und dass Sie ihnen ebenfalls gut zuhören.

Nehmen wir einmal an, dass irgendjemand zu Ihnen sagt: „Der Himmel ist heute leuchtend grün, und deshalb ...“ Sie sind anderer Ansicht – es ist doch ganz offensichtlich, dass der Himmel blau ist. Wie reagieren Sie? Sie hören dem, was folgt, vermutlich nicht mehr richtig zu, sondern überlegen sich eine schlagfertige Antwort. Achten Sie darauf, wenn jemand anders das mit Ihnen macht! Es ist eine klassische Ursache für Missverständnisse.
Andererseits ist es ebenso wichtig, dass Sie Ihren Gesprächspartnern wirklich gut zuhören. Seien Sie aufmerksam, konzentrieren Sie sich auf das Gespräch, merken Sie sich die wichtigsten Punkte oder machen Sie sich Notizen und lassen Sie sich auf keinen Fall ablenken.
Versuchen Sie dabei auch, interessiert auszusehen (Blickkontakt kann dabei sehr hilfreich sein), das macht einen guten Eindruck. Durch aufmerksames Zuhören werden Sie Informationen bekommen, die Sie zur Grundlage Ihrer Überzeugungsarbeit machen können. Erst wenn Sie genügend Informationen haben, können Sie anfangen, dem Gesprächspartner Ihren Vorschlag konkret zu unterbreiten.

Beispiel
Die Kollegen, mit denen Sie die Präsentation halten sollen, haben im Lauf des Gesprächs fallen lassen, dass ihr Chef es wichtig findet, dass die Präsentation gut läuft. Das können Sie später als Argument verwenden: „Euer Chef hat doch gesagt, dass die Präsentation wichtig ist – da sollten wir vielleicht ein bisschen mehr Zeit in die Vorbereitung stecken!“

Bereits ehe Sie Ihren Vorschlag im Einzelnen unterbreiten, sollten Sie herausfinden, wie Ihr Ansprechpartner dazu steht, um dessen Haltung in Ihre Argumentation einzubauen. Hierzu müssen Sie zum einen geschickte Fragen stellen und Ihrem Gesprächspartner zum anderen aufmerksam zuhören.

4.3 Ihre Überzeugungskraft steigern

Menschen mit Durchsetzungsvermögen haben eine große Überzeugungskraft, und jemanden überzeugen heißt, ihn durch Argumente dazu zu bringen, etwas zu tun oder zu glauben. Aber wie macht man das? Ihre Argumente wirken nur dann überzeugend, wenn sie drei Bedingungen erfüllen: Sie müssen verständlich, gewandt und glaubwürdig sein.

1. Verständlich argumentieren
Ich habe schon mehrfach betont, wie wichtig Klarheit bei der Kommunikation ist – nicht nur, weil man dadurch Missverständnissen vorbeugt, sondern auch, weil wir alle es mögen, wenn wir etwas leicht verstehen, besonders, wenn wir es eigentlich für komplex halten.
Wer fünf Minuten lang abschweift und erst ganz zum Schluss auf den eigentlichen Punkt kommt, wird unglaubwürdig, denn der andere fragt sich zu Recht: „Warum um alles in der Welt haben Sie das nicht gleich gesagt?"
Durch eine anschauliche Beschreibung – besonders durch eine, bei der Sie die Dinge so formulieren, dass der andere sich damit identifizieren kann – können Sie Ihren

Argumenten erheblich mehr Gewicht verleihen. Dabei ist aber Vorsicht angebracht.

Es ist wichtig, dass man immer
- versucht, gute Erklärungen zu finden, sie ausprobiert und sich vergewissert, dass sie funktionieren
- darauf achtet, dass das, was man sagt, sofort und leicht verständlich ist
- gründlich und genau ist, genügend Einzelheiten liefert und die relevanten Punkte deutlich herausstreicht
- nur dann Fachausdrücke verwendet, wenn man sicher ist, dass der andere sie versteht (und auf Jargon verzichtet, wenn man den anderen dadurch verwirren würde, oder ihn erklärt).

Die Argumentation gliedern

In diesem Bereich kann man viele Punkte sammeln. Denken Sie über die Struktur und die Reihenfolge dessen, was Sie sagen wollen, nach, gliedern Sie es in kleinere Abschnitte und präsentieren Sie einen logischen, gut aufgebauten „Fall".

Es ist ebenfalls günstig, wenn Sie dem anderen schon im Voraus signalisieren, wie Sie vorgehen wollen: „Es dürfte am einfachsten sein, das schrittweise durchzugehen. Lassen Sie uns erst über den zeitlichen Ablauf sprechen, dann über die Kosten und schließlich über die Umsetzung!" Wenn Ihr Gesprächspartner zustimmend nickt, wird es Ihnen zumindest gelingen, ihn zum nächsten Schritt Ihrer Argumentation mitzureißen.

Wiederholen Sie diese Technik so oft, wie es nötig ist, um Klarheit zu schaffen. Sie könnten beispielsweise noch hinzusetzen: „Beim zeitlichen Ablauf geht es darum, wann wir was tun wollen und wie lange es dauert. Wenn wir wissen, wie lange etwas dauert, ist es leichter, abzusehen, wie wir das terminlich schaffen können."

Alles, was Sie durch eine klare Argumentation erreichen, geht als überzeugendes Plus in Ihre Bilanz ein.

2. Gewandt argumentieren

Streichen Sie die wesentlichen Vorteile Ihres Vorschlags heraus und verdeutlichen Sie Ihrem Ansprechpartner, warum er zustimmen sollte. Menschen mit Durchsetzungsvermögen verdeutlichen den anderen, welche Vorteile ihr Vorschlag ihnen bringen wird. Um das zu erreichen, muss man seine Argumentation auf den Nutzen für den anderen statt auf die allgemeinen Merkmale des Vorschlags ausrichten.

Das Rechtschreibprogramm meines Computers z. B. ist ein Produktmerkmal. In der Lage zu sein, schnell und einfach ein ordentliches Manuskript anzufertigen, die dabei gesparte Zeit und Mühe und die Tatsache, dass man das Material dann meist nicht zur Überarbeitung zurückgeschickt bekommt (von seinem Chef, einem Kunden oder, in meinem Fall, dem Verlag), sind alles Nutzaspekte. Das Produktmerkmal – das Rechtschreibprogramm – verhilft mir zu diesem Nutzen.

Selektiv vorgehen

In diesem Zusammenhang spielt die richtige Reihenfolge eine große Rolle. Wenn man anfängt, dem anderen alles über die mit einem Vorschlag verbundenen Merkmale zu erzählen, könnte seine Reaktion leicht so aussehen, dass er sagt (oder zumindest denkt): „Na und?“ Fangen Sie hingegen damit an, herauszufinden, was er will, und zeigen ihm dann, dass das, was Sie ihm vorschlagen, genau das bietet, können Sie das entsprechende Merkmal als Argument verwenden.

Beispiel
Ich möchte das wieder anhand des Präsentationsbeispiels verdeutlichen. Angenommen, Sie würden versuchen, Ihre Kollegen zu überzeugen, indem Sie sagen: „Ein Probedurchgang würde nur eine Stunde dauern!“ (Dauer ist ein Merkmal), könnten diese das als viel Zeit empfinden und entsetzt denken: „So lange?“
Es wäre deshalb viel besser, sich zunächst ihre Zustimmung dazu zu sichern, dass die Präsentation ein Erfolg werden muss („Ja, das stimmt!“) und dass dadurch alle Beteiligten viel gewinnen können („Genau!“), dass aber die Gefahr besteht, dass Sie sich ohne vorherige Probe dabei gegenseitig auf die Füße treten. Dann ergibt Ihr Argument, dass sich die Erfolgschancen durch eine Probe – die daher einen Nutzaspekt verkörpert – vergrößern lassen, viel mehr Sinn.

Die Konsequenzen Ihres Vorschlags herausarbeiten
Das hier erläuterte Prinzip ist sehr wichtig. Indem Sie auf die oben beschriebene Weise über die einzelnen Elemente Ihrer Argumentation nachdenken und bei jedem Punkt die Schlussfolgerung „Und das bedeutet, dass ...“ ziehen, können Sie wirklich die überzeugendsten Argumente vorbringen.
Dieses Buch ist kurz (Kürze ist ein Produktmerkmal), und das bedeutet, dass es nicht viele Worte enthält; dass

es nicht zu lange dauert, es zu lesen; dass Sie das, was Sie daraus lernen, schnell anwenden können; dass es Ihnen gelingen könnte, sich schon bei einer Besprechung, die morgen ansteht, durchzusetzen.
Durch diese ganze Analyse bewegt sich meine Argumentation immer stärker darauf zu, was das Buch für Sie tun kann (seinen Nutzen). Wenn ich wüsste, dass Sie am nächsten Tag um eine Gehaltserhöhung bitten wollen, würde ich meine Argumentation darauf zuschneiden und den Nutzen spezifizieren.
Ihre Aufgabe besteht also darin, einen klaren „Fall“ zu präsentieren, die Aspekte, die sich positiv auf den anderen auswirken, hervorzuheben und dabei so viele ausschlaggebende Vorteile anzuführen, dass Ihr Gesprächspartner Ihrem Vorschlag einfach zustimmen muss.

3. Glaubwürdig argumentieren

Es gibt noch ein weiteres Element, ohne das kein Vorschlag überzeugend sein kann: Er muss glaubwürdig sein. Wir alle empfinden leicht Misstrauen, wenn jemand versucht, uns etwas zu verkaufen oder uns dazu zu bringen, etwas Bestimmtes zu tun. Daher kann die Reaktion des anderen darauf, dass Sie sagen, Ihr Vorschlag sei gut für ihn, einfach darin bestehen, dass er erwidert: „Das müssen Sie ja sagen!“
Sie können Ihren Argumenten mehr Gewicht verleihen, indem Sie Beweise dafür vorlegen, dass sie wirklich stichhaltig sind. Wenn ein Autoverkäufer z.B. sagt: „Der ADAC-Test hat gezeigt, dass dieses Auto auf 100 Kilometer nur 6,8 Liter Sprit verbraucht!“, stellt er der Zahl, die er anführen will, eine zuverlässige Quelle voran, so dass man ihm eher glaubt.

Es gibt verschiedene Methoden, seine Argumentation glaubwürdiger zu machen:

- sich auf frühere positive Erfahrungen beziehen: „Wir gehen bei diesem Projekt ähnlich vor wie bei ...“
- sich auf andere (Personen oder Firmen) berufen: „Herr Berger ist der Meinung, dass ein Probedurchgang nützlich wäre.“ Dabei ist es wichtig, dass Ihr Ansprechpartner die betreffende Person respektiert
- die Ergebnisse in Zahlen fassen: „50 Prozent solcher Präsentationen führen nicht zu einem Abschluss – lassen Sie uns dafür sorgen, dass unsere zu den erfolgreichen gehört!“
- auf Garantien, Tests oder Standards hinweisen, die durch die Umsetzung Ihres Vorschlags erfüllt würden
- Zahlen anführen, die die Argumentation stärken: „Schon mehrere Abteilungen arbeiten so; Hunderte von Menschen gehen so vor.“

„Beweise“ liefern

Es lohnt sich, darüber nachzudenken, was für Beweise der andere braucht und wie stark sein Bedürfnis danach ist. Dann können Sie sich schon vor dem Gespräch überlegen, durch welche Beweise Sie Ihre Argumentation untermauern wollen.

Und noch ein letzter Tipp: Vergessen Sie nicht, dass die Reaktion des anderen bei manchen Dingen nicht unbedingt nur seine eigene Sichtweise widerspiegelt. Vielleicht denkt er bei seiner Reaktion an seinen Arbeitgeber oder an seine Abteilung, an seinen Chef, seine Familie oder seine Mitarbeiter.

Jemand könnte z.B. positiv reagieren, weil er dazu beitragen will, dass seine Abteilung effizienter arbeitet, oder aus ganz persönlichen Gründen, weil andere sehen sollen, dass er an etwas Bestimmtem beteiligt ist – oder einfach nur deshalb, weil Sie ihn zu einem Bier eingeladen haben! Das alles können Sie bei der Auswahl Ihrer Argumente berücksichtigen.

Ihre Argumentation muss drei Bedingungen erfüllen: Sie muss leicht verständlich, gewandt und glaubwürdig sein. Verwenden Sie eine bildhafte Sprache, vermeiden Sie den Gebrauch von Jargon, gliedern Sie Ihre Argumentation und schneiden Sie sie auf Ihren Gesprächspartner zu. Untermauern Sie Ihre Argumente, indem Sie sich auf andere Personen, Firmen, Untersuchungsergebnisse etc. berufen.

4.4 Sich Feedback verschaffen

An diesem Punkt – während Sie daran arbeiten, Ihre Botschaft verständlich, gewandt und glaubwürdig zu gestalten – könnten Sie das Gefühl bekommen, dass es Ihnen bereits gelungen ist, eine überzeugende Argumentation aufzubauen. Das kann sehr gefährlich sein! Sie brauchen Feedback, und das muss ein fester Bestandteil Ihres Vorgehens werden. Es kann nur allzu leicht passieren, dass man im Vertrauen darauf, eine gut fundierte Argumentation entwickelt zu haben, pausenlos weiterprescht – und später feststellen muss, dass einem die anderen nur bis zu dem Augenblick gefolgt sind, als man sagte: „Gut, dann wollen wir anfangen."

Feedback kann man sich auf zwei Arten beschaffen: durch Beobachtung und durch Fragen. Durch die Reaktionen Ihrer Gesprächspartner und deren Antworten auf Ihre Fragen werden Sie allmählich ein klares Bild von der Situation bekommen. Dadurch können Sie sich auf die Aspekte konzentrieren, die als Grundlage für eine Vereinbarung am besten geeignet scheinen.

1. Feedback durch Beobachtung
Sehen Sie aufmerksam hin und hören Sie gut zu. Sehen Ihre Zuhörer interessiert aus? Trommeln sie ungeduldig mit den Fingern auf den Tisch und brennen darauf, Sie zu unterbrechen? Blicken sie gelangweilt aus dem Fenster? Klingen sie interessiert?
Achten Sie auch auf Bemerkungen wie „Das ist ja interessant“, „Ja, ich verstehe“, „Gut!“ und auf Wendungen, die Zustimmung signalisieren: „Okay“, „Das könnte funktionieren“, „Warum nicht?“.

2. Feedback durch Rückfragen
Um sich davon zu überzeugen, dass die anderen Sie verstanden haben, sollten Sie regelmäßig Fragen stellen: „Ist das klar?“, „Gibt es zu dem, was ich bisher gesagt habe, noch Fragen?“ Um sicher zu sein, dass Ihre Ansprechpartner den Nutzen Ihres Vorschlags richtig einschätzen: „Sind Sie auch der Ansicht, dass das die Dinge vereinfachen würde?“ Um ihre Reaktion auf die Merkmale Ihres Vorschlags zu überprüfen: „Was halten Sie davon, wenn wir uns für den Probedurchgang eine Stunde Zeit nehmen?“
Es bietet sich auch an, Fragen zu stellen, um sich zu vergewissern, dass Sie Ihren Ansprechpartner richtig

verstanden haben: „Sie sagten doch, dass Ihnen ein Termin vor dem 10. dieses Monats am besten passen würde?“

Egal, ob Sie sich bei einer Gruppenbesprechung oder einer informellen Unterhaltung durchsetzen wollen, durch Ihr Auftreten können Sie sich einen guten Einstieg verschaffen.

- ***Übernehmen Sie immer von vornherein die Führung, lenken Sie die Aufmerksamkeit des anderen auf sich und steuern Sie geradewegs auf Ihr Ziel zu.***
- ***Finden Sie die Einstellung Ihres Gegenübers heraus, um die richtigen Argumente einzusetzen.***
- ***Argumentieren Sie leicht verständlich, gewandt und glaubwürdig.***
- ***Und beschaffen Sie sich immer wieder Feedback, um Ihren Gesprächspartner richtig einzuschätzen. Beobachten Sie ihn und stellen Sie gezielte Fragen.***

5. Eine Vereinbarung treffen

Je überzeugender Sie Ihren Vorschlag präsentieren, desto weniger Einwände sind zu erwarten. Obwohl fast immer ein paar übrig bleiben dürften, sollte Ihre Strategie in jedem Fall darin bestehen, Einwände zu minimieren. Das gelingt am besten, wenn Sie Ihre Argumentation so gut wie möglich auf Ihren Ansprechpartner zuschneiden. Je besser sie auf den anderen ausgerichtet ist und seine Situation, seine Bedürfnisse und Ansichten berücksichtigt, desto weniger Einwände wird es geben.

5.1 Die Einwände Ihres Gesprächspartners voraussehen

Oft ist es gar nicht schwierig, vorauszusehen, welche Einwände der andere haben wird. Versetzen Sie sich in die Lage Ihres Ansprechpartners, berücksichtigen Sie alles, was Sie über seine derzeitige (berufliche wie private) Beschäftigung wissen, und es wird Ihnen relativ mühelos gelingen, herauszufinden, was er gegen Ihren Vorschlag vorbringen wird.
Einwände vorauszusehen heißt zwar noch nicht automatisch, damit umgehen zu können, aber wenn Sie sich die Mühe machen, haben Sie zumindest Zeit, darüber nachzudenken, wie Sie sie am ehesten entkräften können.

Beispiel
Angenommen, Sie wissen, dass die Kollegen, mit denen Sie bei der Präsentation zusammenarbeiten sollen, im Augenblick sehr beschäftigt sind, weil sie von einem großen Projekt mit dringenden Fristen ganz und gar in

Anspruch genommen werden. Dann können Sie sich fast schon ausrechnen, dass ihre erste Reaktion darin besteht, dass sie die Zeit, die eine Generalprobe beanspruchen würde, inakzeptabel finden. Sie müssen sich dann nur noch überlegen, mit welchem Argument Sie sie am ehesten umstimmen können.

Unerwartete Reaktionen

Manchmal wird Ihr Gesprächspartner nicht so reagieren wie erwartet. Etwas, das Sie als wichtigen Punkt angesehen haben, kommt gar nicht zur Sprache, oder eine Kleinigkeit nimmt gigantische Proportionen an; ein bestimmter Aspekt wird erst spät aufs Tapet gebracht, obwohl Sie viel früher damit gerechnet hatten, oder umgekehrt ...
Lassen Sie sich davon nicht aus der Ruhe bringen. Wie die Einwände Ihres Gegenübers auch aussehen mögen – es ist sehr wichtig, sich im Lauf des Gesprächs mit ihnen auseinander zu setzen!
Das Schlimmste, was Sie tun können, ist, Kritik zu ignorieren. Dann unternehmen Sie nämlich nichts dagegen, dass die Einwände in der Bilanz eine große Rolle spielen. Das wiederum könnte schließlich dazu führen, dass die Nachteile überwiegen und Sie es nicht schaffen, Ihren Vorschlag durchzusetzen.

Um sich durchzusetzen, muss man sich mit den Einwänden seines Gesprächspartners auseinander setzen. Der erste Schritt hierfür ist zu versuchen, diese vorauszusehen und sich Gegenargumente zu überlegen. Auch unerwartete Einwände dürfen keinesfalls ignoriert werden, das kann sich gegen Sie kehren. Gehen Sie in jedem Fall im Lauf des Gesprächs darauf ein.

5.2 Richtig auf Einwände reagieren

Der erste Schritt ist, zu akzeptieren, dass Ihr Gegenüber wahrscheinlich Einwände haben wird, und sie positiv zu sehen. Versetzen Sie sich einen Augenblick in seine Lage. Ihr Gesprächspartner versucht, Ihren Vorschlag zu beurteilen, wägt ihn ab und befürchtet, dass es dabei irgendwelche Haken geben könnte. Er will, dass Sie jeden Punkt, den er vorbringt, ernst nehmen und seine Einwände keinesfalls einfach unter den Tisch kehren (was er als unvernünftig empfinden würde).

Regeln im Umgang mit Einwänden

- Betrachten Sie Einwände als Zeichen für Interesse – denn warum sollte der andere sich die Mühe machen, Einwände vorzubringen, wenn er Ihren Vorschlag ohnehin ablehnen will?
- Versuchen Sie, diese Einwände vorauszusehen und sie nach Möglichkeit von vornherein zu entkräften (das gilt vor allem für Punkte, die immer wieder vorgebracht werden).
- Lassen Sie keinesfalls zu, dass es zu Auseinandersetzungen kommt (besonders schädlich ist es, wenn sie die Form „Doch, das stimmt!“ – „Nein, tut es nicht!“ annehmen).
- Denken Sie daran, dass Sie Einwände, mit denen Sie gut umgehen können, zur Untermauerung Ihrer Argumentation heranziehen können.

Einwände anerkennen

Es wäre sehr ungeschickt, wenn Sie mit heftigem Abstreiten auf einen Einwand reagieren würden. Erkennen

Sie ihn im Gegenteil bereitwillig als berechtigt an. Dafür braucht man nicht viele Worte: „Das ist natürlich ein Aspekt, über den wir noch sprechen müssen." – „Da haben Sie Recht! Ich möchte Ihnen zeigen, wie wir das lösen können."

Es ist ausgesprochen wichtig, dass Sie Ihrem Gesprächspartner zunächst bestätigen, dass der Einwand berechtigt ist, denn dadurch

- zeigen Sie ihm, dass Sie ebenfalls der Meinung sind, dass man sich mit diesem Punkt befassen muss
- beweisen Sie, dass Sie konstruktiv argumentieren wollen
- zeigen Sie dem anderen, dass Sie bereit sind, seinen Standpunkt zu berücksichtigen
- verschaffen Sie sich einen Augenblick Zeit zum Nachdenken (den Sie möglicherweise dringend brauchen!)
- können Sie klarstellen, worum es wirklich geht (wenn Sie nicht verstehen, was der andere genau auszusetzen hat oder warum, kann Nachfragen Ihnen zu einer Antwort verhelfen).

Auf Einwände eingehen

Wenn Sie anerkennen, dass ein Einwand berechtigt ist, wird Ihr Ansprechpartner bestimmt eher bereit sein, Ihnen zuzuhören und Ihnen zu glauben. Sie dürfen die Dinge allerdings nicht zu lange in der Schwebe lassen, sondern müssen schnell auf den vorgebrachten Punkt eingehen.

Der Umgang mit Einwänden ist an sich einfach, denn es gibt nur vier Möglichkeiten.

1. Einwände ausräumen

Man überzeugt den anderen davon, dass es sich gar nicht um einen negativen Faktor handelt. Oft bringt Ihr Ansprechpartner nur deshalb Einwände vor, weil er nicht klar sieht.

Er könnte z.B. sagen: „Ich habe keine Zeit für einen vollständigen Probedurchgang!“, weil er die erforderliche Zeit überschätzt. Wenn Sie dann antworten, dass Sie nur an etwa eine Stunde denken (während er dafür einen ganzen Vormittag veranschlagt hatte), löst sich der Einwand in nichts auf.

2. Einwände relativieren

Sie können auch versuchen zu zeigen, dass es bei Ihrem Vorschlag zwar einen negativen Aspekt gibt, dass er aber kaum ins Gewicht fällt: „Es ist doch so wichtig, dass wir diese Präsentation gut hinbekommen – natürlich müssen wir dafür ein bisschen Zeit opfern, aber eine Stunde sollte uns das doch wert sein?“

3. Den Nachteil in einen Vorteil verwandeln

Beweisen Sie dem anderen, dass ein scheinbar negativer Faktor eigentlich ein positiver ist: „Ein Probedurchgang scheint wirklich recht viel Aufwand zu sein und wird etwa eine Stunde Zeit in Anspruch nehmen, aber wir müssen uns doch ohnehin alle vorbereiten. Durch eine Probe wird sich diese Zeit halbieren, und wir haben dann viel bessere Erfolgsaussichten.“

4. Ihrem Ansprechpartner beipflichten

Manchmal wird Ihnen angesichts der Fakten nichts anderes übrig bleiben, als zu bestätigen, dass der andere wirklich einen Haken entdeckt hat. Anstatt sich gleich völlig geschlagen zu geben, sollten Sie allerdings versuchen, die Bedeutung des Nachteils herunterzuspielen: „Sie haben Recht, es kostet wirklich eine Menge Zeit, aber diese Präsentation muss ein Erfolg werden, und das ist der einzige Weg!“

Die Gesamtbilanz im Auge behalten

Da es nur diese vier Möglichkeiten für den Umgang mit Einwänden gibt, bleibt das überschaubar. Es dürfte nicht schwierig sein, sich während des Gesprächs an die unterschiedlichen Optionen zu erinnern und sich, wenn Einwände vorgebracht werden, für die beste Möglichkeit zu entscheiden.

Denken Sie außerdem daran, gegebenenfalls immer wieder zu betonen, was auf der Plusseite der Bilanz steht. Sie dürfen nie die Gesamtbilanz Ihres Vorschlags aus dem Blick verlieren!

Vergessen Sie nicht, dass Ihre Aufgabe nicht darin besteht, alle Nachteile wegzureden (das ist einfach nicht möglich, es kann ja durchaus ein paar Haken geben). Sie sollten vielmehr dafür sorgen, dass die Gesamtbilanz, die Sie Ihrem Gegenüber präsentiert haben, diesem auch gegenwärtig ist.

Einwände sind ein Zeichen des Interesses. Ihre erste Reaktion sollte darin bestehen, sie als berechtigt anzuerkennen. Danach sollten Sie sie möglichst bald ausräumen, relativieren, in einen Vorteil verwandeln oder aber Ihrem Gesprächspartner Recht geben. Es geht nicht um die Nachteile Ihres Vorschlags, sondern um die Gesamtbilanz aus Vor- und Nachteilen.

5.3 Richtig mit Ausreden umgehen

Es lässt sich nicht bestreiten, dass Menschen ihre Beweggründe manchmal vor uns verbergen, insbesondere wenn es darum geht, warum sie nicht so handeln, wie wir es uns wünschen. Sie sagen: „Das würde zu lange dauern!“ oder: „Das würde zu viel Geld kosten!“, während sie eigentlich etwas ganz anderes meinen.
Ihre Aufgabe ist es zu erkennen, was wirkliche Gründe und was Ausreden sind. Durch eine Rechtfertigung des Zeitaufwands oder der Kosten werden Sie nämlich nichts erreichen, wenn der andere diese Gründe nur vorschiebt. Wenn Sie den Verdacht haben, dass der andere sich in Ausreden flüchtet, gibt es für Sie nur eine Möglichkeit: Fragen zu stellen, um die Wahrheit aus ihm herauszukitzeln: „Seien Sie ehrlich, darum geht es doch gar nicht. Was ist der wahre Grund für Ihre Einwände?“

Beispiel
Im Fall der Präsentation könnte es sein, dass einer Ihrer Kollegen auf Ihren Vorschlag entgegnet, der Gedanke an eine gemeinsame Probe würde ihm nicht gefallen.
Das mag natürlich sein. Doch möglicherweise wird er damit auch nur ausdrücken wollen, dass er zu unsicher ist, was seine eigenen Präsentationsfertigkeiten betrifft, und das eben nicht direkt zugeben wollen. Sich um eine Generalprobe zu drücken wäre eine Möglichkeit zu verhindern, dass Sie ihn beobachten (bevor es zu spät ist).
Wenn Sie diesen Verdacht haben, können Sie beispielsweise zu verstehen geben, dass Unsicherheit berechtigt ist und eine gemeinsame Probe helfen würde, diese aus dem Weg zu räumen.

Denken Sie daran, dass Menschen nicht immer absolut ehrlich sind. Wenn Sie das Gefühl haben, dass das der Fall ist, müssen Sie nach dem wahren Grund suchen und darauf eingehen. Ausführlich und ernsthaft auf den vorgeschobenen Grund einzugehen hätte absolut keinen Sinn.

5.4 Zu einer Vereinbarung kommen

Was ist der nächste Schritt, nachdem Sie Ihren Vorschlag erläutert und sich mit allen Einwänden befasst haben? Man ist leicht geneigt, die Dinge dann einfach in der Schwebe zu lassen. „Habe ich Ihnen jetzt alle Informationen gegeben, die Sie brauchen, um eine Entscheidung treffen zu können?“ – das ist höflich, kann aber dazu führen, dass der andere schlicht „Ja!“ sagt und versucht, das Gespräch damit zu beenden.
Es ist wichtig, in diesem Moment gezielt auf eine Vereinbarung zuzusteuern. Wenn Sie Ihren Vorschlag gut präsentiert haben, geht es jetzt nicht mehr darum, den anderen zu überzeugen, sondern ihn dazu zu bringen, sein Interesse und seine Zustimmung sofort bzw. in absehbarer Zeit in entsprechende Handlungen umzusetzen.

Zur Tat schreiten
Es gibt verschiedene Möglichkeiten, „Nägel mit Köpfen“ zu schlagen, zum Beispiel:
- einfach eine entsprechende Frage stellen („Wollen wir dann einen Termin ausmachen?“)
- den anderen zu etwas auffordern. Auch wenn Sie

offiziell nicht die Befugnis dazu haben, sollten Sie das wie eine Anweisung klingen lassen („Schreiben Sie das in Ihren Terminkalender!")

- darauf hinweisen, dass es eine gute Idee wäre, sich jetzt schon zu entscheiden, und es begründen („Lassen Sie uns den Termin gleich festlegen, damit wir einen finden, der uns beiden gut passt!")
- erläutern, warum die Entscheidung nicht aufgeschoben werden sollte („Wenn wir nicht gleich einen Termin ausmachen, werden wir nie einen günstigen Zeitpunkt dafür finden!")
- positive Alternativen vorschlagen, so dass die Zustimmung des anderen auf jeden Fall bedeutet, dass Sie sich durchgesetzt haben („Sollen wir dafür eine Stunde ansetzen oder lieber zwei?"), und das, wenn nötig, wiederholen („Eine Stunde also. Diese oder nächste Woche?")
- die Zustimmung des anderen voraussetzen und die Aufforderung entsprechend formulieren („Gut, dann sind wir uns ja offenbar einig. Lassen Sie uns einen Termin festlegen!")
- Nach einer langen, komplizierten Diskussion kann es sich empfehlen, die wichtigsten Pluspunkte Ihres Vorschlags noch einmal zusammenzufassen und erst dann eine konkrete Vereinbarung vorzuschlagen.

Nachdem Sie Ihren Vorschlag präsentiert haben und auf alle Einwände eingegangen sind, sollten Sie die Dinge keinesfalls in der Schwebe lassen. Treten Sie entschieden auf und ergreifen Sie die Initiative, um mit Ihrem Gesprächspartner eine Vereinbarung zu treffen. Das Beste ist, sofort einen Termin festzusetzen.

5.5 Was tun, wenn Ihr Gegenüber nicht zustimmen will?

An diesem Punkt könnte der andere zustimmen – vielleicht tut er es aber auch nicht. Das müssen wir alle realistisch sehen. Niemand kann sich immer durchsetzen, wir können nur versuchen, es möglichst oft zu schaffen, und unsere Chancen stehen besser, wenn wir das richtig anpacken.
Es gibt aber auch noch andere Punkte, die zu berücksichtigen sind. Zum einen kann es sein, dass Ihr Ansprechpartner sich einfach nicht entscheiden kann, zum anderen kann er sich auch vor einer Entscheidung drücken wollen.

Der richtige Umgang mit Unentschlossenheit
Wenn jemand Ihnen sagt, er wolle noch über Ihren Vorschlag nachdenken, sollten Sie immer zustimmen: „Natürlich, das ist ja eine wichtige Entscheidung. Lassen Sie sich Zeit, ich verstehe, dass Sie sich dabei sicher sein wollen!"
Danach sollten Sie sich aber bemühen, herauszufinden, aus welchem Grund der andere eine Bedenkzeit braucht: „Gibt es denn konkrete Punkte, bei denen Sie noch Zweifel haben?" Oft wird Ihr Gesprächspartner Ihnen einen oder mehrere Punkte nennen (versuchen Sie, eine Liste zu bekommen). Dann sollten Sie das Gespräch fortsetzen, auf diese Punkte eingehen und den anderen schließlich – als ob es gar keine Probleme gegeben hätte – erneut auffordern, Ihrem Vorschlag zuzustimmen. Meist wird er jetzt in der Lage sein, eine Entscheidung zu treffen.

Ausdauer beweisen
Es ist wichtig, konsequent nachzuhaken. Wenn Sie das Gefühl haben, dass der andere Sie hinhalten will, sollten Sie ihn auf einen Zeitpunkt „festnageln“: „Gut, ich rufe Sie am Freitag an, und wir versuchen dann, die Sache endgültig zum Abschluss zu bringen!“
Gehen Sie dabei immer so vor wie geplant und lassen Sie sich nicht entmutigen. Wenn eine Sekretärin sagt, ihr Chef sei in einer Besprechung, sollten Sie das nicht bezweifeln, sondern den nächsten Schritt tun: „Wann kann ich ihn denn morgen erreichen?“ Wenn Sie aufgeben, entgeht Ihnen vielleicht nur deshalb eine für Sie befriedigende Vereinbarung, weil Sie nicht genügend Ausdauer hatten.

Um sich durchzusetzen und eine Vereinbarung mit seinem Ansprechpartner zu treffen, muss man sich mit dessen Einwänden auseinander setzen.

- ***Der erste Schritt hierfür ist zu versuchen, diese vorauszusehen und sich Gegenargumente zu überlegen.***
- ***Wenn die Einwände dann vorgebracht werden, sollten Sie möglichst bald darauf eingehen.***
- ***Ist ein Einwand nur eine Ausrede, müssen Sie zunächst den wahren Grund herausfinden. Argumente gegen den vorgeschobenen Grund anzuführen wäre völlig sinnlos.***
- ***Nachdem Sie auf alle Einwände eingegangen sind, sollten Sie unbedingt versuchen, mit Ihrem Gesprächspartner sofort eine verbindliche Vereinbarung zu treffen.***

Nachwort

In diesem Buch haben Sie einen Eindruck bekommen, wie man sein Durchsetzungsvermögen steigert, indem man überzeugend argumentiert und somit andere veranlasst, zu tun, was man selber will. Es gibt allerdings kein „Drehbuch“, das einem dazu verhilft, sich immer durchzusetzen, wenn man nur die Regeln befolgt. Wir müssen uns immer an unser Gegenüber anpassen.
Zur Analyse der Situation und zur Bestimmung der Strategie kann man die gleichen Denkmuster anwenden, doch wenn eine Methode einmal funktioniert hat, heißt das noch lange nicht, dass sie das wieder tun wird. Manchmal sind nur sehr kleine Änderungen nötig, ein anderes Mal werden wir ganz anders vorgehen müssen. Wenn Sie die hier vorgestellten Techniken anwenden, werden Sie sich häufiger durchsetzen. Es wird Ihnen zwar nicht immer gelingen, doch Sie sollten in der Lage sein, eine gute Erfolgsquote zu erzielen. Wir alle verbringen unser ganzes Leben damit, unsere Kommunikationsfertigkeiten zu verfeinern. Die Erkenntnis, dass das nötig ist, bildet den ersten Schritt auf dem Weg zu mehr Durchsetzungsvermögen.

Übung macht den Meister
Probieren Sie die hier vorgestellten Methoden aus und lassen Sie sich nicht entmutigen, wenn nicht gleich alles perfekt läuft. Entscheidend ist, dass Sie aus Ihren Erfahrungen lernen. Rekapitulieren Sie jedes Mal, was funktioniert hat und was nicht, und berücksichtigen Sie das. „Es ist seltsam, aber je mehr ich trainiere, desto mehr

Glück scheine ich zu haben!" – dieser Satz, der gleich mehreren Sportlern zugeschrieben wird, enthält zweifellos einen wahren Kern.

Seine Erfolgschancen erhöhen

Zum Schluss möchte ich noch einmal auf drei besonders wichtige Punkte hinweisen: Erstens sollten Sie sich sorgfältig vorbereiten. Es hängt sehr viel davon ab, dass Sie intensiv nachdenken, bevor Sie das erste Wort aussprechen.

Zweitens sollten Sie sich den ganzen Prozess vergegenwärtigen: seinen Ablauf, die verschiedenen Techniken und ihr Zusammenwirken. Nur dann können Sie sie effektiv einsetzen. Am Anfang mag Ihnen das schwierig vorkommen, doch bald wird es zur Gewohnheit werden, das Gesamtbild im Kopf zu haben.

Und zu guter Letzt sollten Sie möglichst selbstsicher auftreten. Wenn Sie sich gut überlegt haben, was Sie tun wollen, können Sie es sich leisten, selbstsicher zu sein. Und dann kommt es zu einer ständigen Verstärkung: Wenn Sie selbstsicher sind, strahlen Sie das aus. Ihre Argumente werden anders beurteilt, denn sie wirken glaubwürdiger, und Sie bekommen positives Feedback, wodurch Sie noch selbstsicherer werden.

Sie werden wahrscheinlich selbst überrascht sein, wie überzeugend Sie auf andere wirken können. Und wenn es Ihr Ziel war, überzeugender zu werden, haben Sie sich in jedem Fall dabei durchgesetzt!

Schritt für Schritt: So steigern Sie Ihr Durchsetzungsvermögen

Die folgende Fragenliste soll Ihnen dabei helfen, den Verlauf der Gespräche zu rekapitulieren und in Zukunft Ihr Durchsetzungsvermögen noch weiter zu steigern. Nicht nur gute Vorbereitung, sondern auch die Nachbereitung von Gesprächen steigert Ihre Chancen, sich durchzusetzen!

War meine Botschaft klar und eindeutig?

....

....

Hatte ich mir im Voraus überlegt, was für Fragen mein Ansprechpartner haben könnte?

....

....

Habe ich mich nach den Erfahrungen des Empfängers gerichtet?

....

....

Habe ich daran gedacht, den Kern der Aussage in verschiedenen Formen zu wiederholen?

....

....

Habe ich daran gedacht, mir Feedback zu beschaffen?

....

....

Hatte ich mir den idealen Ablauf des Gesprächs ausgemalt und mir die benötigten Informationen verschafft?

....

....

Bin ich in ausreichendem Maß auf die Gefühle und Wünsche meines Ansprechpartners eingegangen?

....

....

Ist es mir gelungen, von vornherein die Führung zu übernehmen und die Aufmerksamkeit auf mich zu lenken?

....

....

War meine Argumentation leicht verständlich, gewandt und glaubwürdig?

....

....

Habe ich mich mit allen Einwänden meines Gesprächspartners auseinander gesetzt?

....

....

Habe ich darauf beharrt, sofort nach dem Gespräch eine verbindliche Vereinbarung zu treffen?

....

....

Register

Zu diesem Themenkreis sind bereits erschienen:

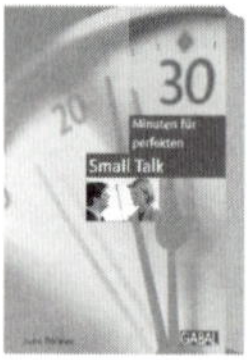

Jutta Portner:
30 Minuten für perfekten Small Talk

ISBN 3-89749-042-0

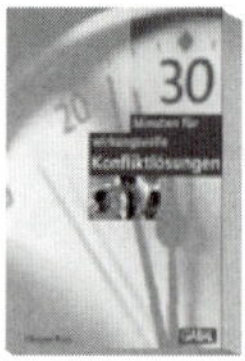

Christel Frey:
30 Minuten für wirkungsvolle Konfliktlösungen

ISBN 3-89749-038-2

Jörg Wurzer:
30 Minuten für beruflichen Erfolg mit emotionaler Intelligenz

ISBN 3-930799-92-8

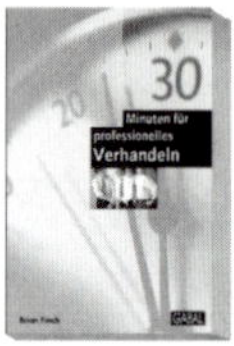

Brian Finch:
30 Minuten für professionelles Verhandeln

ISBN 3-930799-95-2

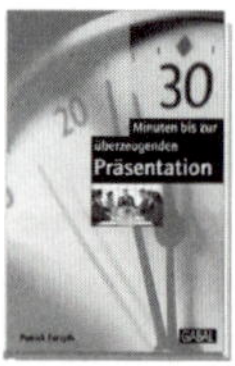

Patrick Forsyth:
30 Minuten bis zur überzeugenden Präsentation

ISBN 3-930799-81-2

Jeder Band:
DM 9,80 / öS 72 / sFr 9,80

Fragen Sie in Ihrer Buchhandlung nach weiteren Bänden dieser Reihe oder fordern Sie einen Verlagsprospekt an:

GABAL Verlag
Schumannstraße 161, 63069 Offenbach
Tel.: 0 69/84 00 03 - 13; Fax: 0 69/84 00 03 - 40
E-Mail: verlag@juenger.de